JN075545

流れの小石

最も援助を必要とする
最後の一人とともに

徳川輝尚

全国社会福祉協議会

はじめに

徳川輝尚

この度、拙著が出版されることとなり、心より感謝申しあげます。

出版の話が出たとき、なぜ凡庸な私がと躊躇しましたが、半世紀余りの激変する社会の中で福祉にたずさわってきた己の記録が、いささかでも次代を担う皆様のお役に立てるならとお受けしました。

私の歩みは試行錯誤の連続でした。失敗も多く、誇れるものではありません。壮大な福祉の歴史の中でのささやかな試みに過ぎません。そこで、書名を決めるにあたり、叔父の小原十三司牧師が説教集を『流れの小石』と名づけたのにちなみ、同じタイトルにしました。亡き叔父も、甥の願いを許してくれるものと思います。

皆様が拙著を〝踏み石〟とし、明日をめざしてくだされば幸いです。

出版に当たり、メッセージをお寄せくださった恩賜財団済生会理事長の炭谷茂氏と福祉新聞社長の松寿庶氏、出版を立案し、ご尽力くださった社会福祉法人旭川荘常務理事の髙原弘海氏、インタビュアーの労をお取りくださった全国身体障害者施設協議会会長の白江浩氏、企画・出版された全国社会福祉協議会出版部に厚く御礼申しあげます。

令和六年浅春　びわこ湖畔の寓居にて

目次

※本書では、著者が徳川家一門である御三卿（徳川姓を名乗ることを許され、徳川宗家や御三家に続く家柄）のひとつ、清水徳川家の系譜に連なることを踏まえて、徳川家一門の名字である「德川」を用いています。

第1章

福祉に学ぶ人間の尊厳

こひつじの苑のステンドグラス「よき牧者」

全国社会福祉協議会が主催する「ふくし未来塾」（第二期）において、著者が行った講義内容を再構成して掲載しました。

人間の尊厳の重要性と、それを守るために福祉のリーダーに求められる姿勢や能力について、先人たちの言葉や実践を紹介しながら伝えます。

新しい社会づくりに向けて

地域共生社会への流れ

本日は皆さんと、人間の尊厳について考えたいと思います。

現在私たちの暮らす日本は、ご承知のように少子高齢化が急速に進んでおり、人口の減少とともに、これから社会は大きく変わろうとしております。この変動している社会の動向に対応するために、国は地域共生社会の実現に向けて、新しい改革を進めています。

少子高齢化により、高齢者を支える現役世代が減少し、人手不足が大きな問題になってきます。さらに、人口が減少していくことで、日本全体の経済が減退し、現在の社会保障制度が維持できるかどうか、非常に難しい時代に入ってくるのです。この問題を克服するために、地域共生社会づくりが必要となってくるのです。

国は平成二十八年、『我が事・丸ごと』地域共生社会というスローガンを掲げました。

これは、住民が社会や地域の問題を他人事としないで、「我が事」として主体的にこれに取り組み、世代や分野などで縦割りされることなく、住民も行政機関も団体も企業もみんなが「丸ごと」になって、社会を力強いものにしていこうということです。

これは日本だけの流れではなく世界の流れでもあります。それは二〇〇〇年頃から、ヨーロッパで始まったソーシャルイノベーション、すなわち「社会的刷新」の流れで、すべての人が知識と知恵とを出しあって、より良い社会を実現しようという運動です。まさに「我が事・丸ごと」地域共生社会づくりは、世界の流れの一つであると考えていいと思います。

偉業を引き継ぐ

このような新しい社会づくりをめざして、全国社会福祉協議会（以下、全社協）は「ふくし未来塾」を、令和三年に開講しました。これは幕末から明治にかけて社会が非常に激動するなかで、強い近代国家をめざして国民の幸せを追求した、全社協の前身である中央慈善協会の初代会長であった渋沢栄一の偉業を引き継ぐものであります。全社協は、新しい理想的な社会を創造し、これを牽引していくトップリーダーの育成をめざして、ふくし未来塾を開いたのです。

渋沢栄一が努力してきたのは、強い近代社会をつくるということでした。今、令和では、豊かな共生社会をつくることが求められています。内容は違いますが、国民のために新しい社会をつくるということでは同じであり、皆さんはそのために自己研鑽にはげむのです。

私は新しい理想的な社会をつくるために最も大事なことは、人間の尊厳を認め、これを守ることであると思い、それについてご一緒に考えていきたいと思っています。

全ての人間が必要とされる「人間の尊厳」

「人間の尊厳」の意義

まず、人間の尊厳の意義について考えていきましょう。言うまでもなく、人間は尊く厳かで犯してはならない、価値ある存在です。人間はほかの動物と違って、理性と意思を持って自らの考えで自立して生活しています。一人一人の人間はかけがえのない尊い存在であり、ここに人間の尊厳があります。

病気や障害や加齢のために人間の能力が変わったり衰えたりし、社会的な立場や経済力が変わったりもします。しかし、これらは単なる現象であり、人間の本質である人間の価値と人間の存在の尊厳性を損なうものではないのです。

「人間の尊厳」を擁護する取り組み

次に私たちは、この人間の尊厳をどう守っていくか、四点に絞って考えていきたいと思います。

①自由と平等を尊重すること

最初に私たちが大切にすべきは、一人一人の人間の自由と平等を大事にするということです。皆さんもバイスティックの七原則はご存知だと思います。これは利用者との信頼関係を構築するためのものですが、特にこのうちの、受容、非審判的態度、秘密保持、自己決定の四つの原則は福祉ケアの大原則です。一人一人の人間をありのまま受け止めて、一方的に批判せずに、プライバシーを守り、自己決定を大事にする。この自由と平等を尊重することが、人間の尊厳を守るための大事な取り組みであります。

②可能性を尊重すること

次に、人間の尊厳を守るために必要なことは、その人の可能性を尊重するということです。すべての人間は、例えどんなに障害が重くても、または歳をとって重度の認知症になったとしても、生きている限り可能性を持っています。この可能性をできるだけ高めていくことが、人間の尊厳の擁護にとって重要なのです。

五十年ほど前、私は、身体障害者療護施設「こひつじの苑」をつくる前の年に、最重度の障害者の福祉についてヨーロッパとアメリカに行って勉強しました。その時、いちばん大きな力をいただいたのは、ニューヨークで、国際障害者リハビリテーション協会（現国際リハビリテーション協会）の会長である、ハワード・ラスク先生です。ラスク先生はこうおっしゃいました。

「リハビリテーションを信じることは、人間らしさを信じることなのです。人間の尊厳にふさわしく接し、人間としての成長を支援しなければなりません。」

これが、私のそれから五十年の、福祉活動の中心的な考え方になりました。

③目的をめざすこと

ラスク先生は、ニューヨーク大学附属病院のリハビリテーション部長である日本人教授の伊藤正義先生を紹介してくださいました。私は伊藤先生から障害者の支援についていろいろとお話をうかがうことができました。伊藤先生は最後にこういうことをおっしゃいました。

首から下がまったく動かない一人の女性がいました。その女性に何か生きる目的を与えたいと思い、彼女をうつ伏せに寝かせて枕元に鏡を置き、口元に板を置いて口紅のスティックを固定しました。そうすると今まで何もすることがなかった女性が、鏡を見て、口紅に自分の口唇を擦り付けてお化粧を始めたのです。職員がみんなそのことに関心をもったときに、彼女は生き生きとしてきました。

ところが、その後慣れてくると職員もだんだんと関心を示さなくなり、彼女はお化粧をやめ、もとのように閉じこもってしまいました。そうして最後に、彼女は自分で自分の舌をかみ切って亡くなってしまったのです。

この苦しみは本当に大きかったと先生はおっしゃいました。そうして、その苦しみから次の教えを学んだとおっしゃいました。

「目的のない生活は死より苦しい。全ての人間には生きる希望がなければなりません。」

この伊藤先生の言葉も、私のそれからの五十年間の最重度の障害者の支援のために、大きな支えとなりました。

④必要な存在と認めること

全ての人を必要な人間と認めることが大切です。役に立たない人間は一人もいません。ですから、「あなたは役立たずだ」と言われることほど、人間にとって侮辱はありません。全ての人間が必要な存在であることを認めるのが、人間の尊厳を認めることなのです。これを我々に教えたのは、インドで貧者や病人、死んでいく人をお世話したマザー・テレサです。アルバニア出身の修道女である彼女は、生涯を尽くして、苦しい人、孤独な人のために働きました。彼女はこう言っています。

「人間にとって最大の不幸は、必要とされないことです。」

そして、孤独で、見捨てられた人、死に近づいた人に、「あなたは必要な人です。あなたは望まれて生まれてきました。生きてきて良かったと思ってほしい」と言い続けてきたのです。

私たちも人間の尊厳を認めるならば、すべての人間が、望まれて生きてきた、必要な存在であることを認めなければなりません。

少子高齢化時代における「人間の尊厳」を守るための留意点

ここで私たちは、これからの新しい時代に向かって、人間の尊厳をどのように守っていくか、三つの留意点を考えたいと思います。
①ＡＩ（人工知能）の活用
ひとつは、テクノロジーすなわち科学技術の進歩した現代の問題です。人間の歴史は科学技術とともに発展してきました。古代の人間は石で道具をつくり、木をこすって火を起こし、狩猟や農耕をはじめました。これは人間にとって大きな進歩でした。後に産業革命が始まり、蒸気機関が発明され、交通は大きく発展しました。現代になると通信技術が発達し、ＩＣＴやＡＩの時代に突入しました。

私たちは、人類の発展を支えてきたテクノロジーを軽視してはいけません。福祉とは関係ないと思ってはいけません。テクノロジーの活用が生活の向上に不可欠であることを認め、福祉の現場においてもＡＩやロボットの導入を積極的に考えていくべきです。それは同時に、少子高齢化による人材不足を補うことでもあり、またＡＩを使うことによって、障害のある人たちが自立し、社会に入っていくことが可能になっていきます。テクノロジーを活用することは、福祉にとって大切なことであり、これを追求していかなくてはなりません。

しかし、ここにひとつの落とし穴があることに注意すべきです。ＡＩ化が無制限に進み、過度に依存されるところに大きなリスクがあります。すなわちすべてをＡＩで解決しようとしてしまうと、人間の独自性が破壊され、人と人との接触、心のつながりが希薄になり、孤独の問題が出てくるのです。

ですから人間の尊厳を保つためには、テクノロジーを大事にすると同時に、それをいかに使いこなすかを考えなければなりません。支配するテクノロジーでなく、奉仕するテクノロジーを追及しなければならないのです。

②高齢者に対する「尊厳ある支援」

少子高齢化において私たちは、高齢者の人間としての尊厳をいかに守っていくかが大事になります。増えていく高齢者をいかに人間の尊厳にふさわしく支えていくか。それは単に健康で楽しく生活するということではありません。高齢者は、若い者の人生の先輩です。すなわち高齢者は、高齢者にしかない経験、いわゆる「老人力」を持った人間である、ということを認めなければなりません。そして高齢者が社会の役に立つ社会貢献の機会を提供していかなければなりません。高齢者が誇りある生活を送れるようにすることが、これからの高齢社会には、極めて必要です。

皆さんも年を取れば分かるようになりますが、高齢者は日々、死に向かい合って生活しています。とても不安な生活です。こうした高齢者にとって愛する人がいるということは、非常に大事なのです。愛する人と共にいる機会をいかに与えるか、そして、ときには一人になって自分の来し方をながめ、これからの人生をしっかりと見つめていく心の満たされた生活を確保することが大事なのです。

先ほど話した、ニューヨークの伊藤先生の病院、ゴールドウォーターホスピタルでは、宗教の自由を守るために、各宗派が使える礼拝堂を設置していました。そして、宗教を大事にしていくとともに、無信仰の人も、その礼拝堂で静かに自分を見つめることができるようにしていると伊藤先生はおっしゃいました。

私たちも、高齢者が有する大切な「老人力」を認め、社会貢献の機会を与えるとともに、残された人生を安らかに過ごせるよう努めることが必要なのです。

③尊厳ある「終末期ケアと看取り」

高齢者が増えれば亡くなる方も増えます。いわゆる多死社会になっていきます。そのため、医療だけではなく、福祉の面でも終末期のケアと看取りが大事になっていきます。

九十歳以上の超高齢者も増加しています。私も九十一歳になり、超高齢者になりましたが、この人たちの尊厳を守っていくためには、死を覆い隠すのではなく、死を見つめることが大事ではないでしょうか。私も最近そう思っています。ただ面白おかしくおしゃべりし歌を歌って、死の不安を押し隠すのではなく、死に正しく向き合っていくことが、よく生きるために重要ではないかと思います。高齢者が生きてきてよかったといえるような満足感と達成感をもって、最後の締めくくりができるような、終末期のケアと看取りについて、しっかりと学んでほしいと思います。

人間の尊厳にふさわしい、最後を迎えるための終末期ケアと看取りについて勉強することが必要です。私は最近、上智大学の名誉教授で「死の哲学」を教えていた、アルフォンス・デーケン先生の本を読みました。デーケン先生は、次のようにおっしゃっています。

「人間は、肉体が衰弱していっても精神的・人格的には成長を続けて尊厳に満ちた死を迎えることが可能なのです。」

このように最後まで充実した人生を送れるよう、人間の尊厳にふさわしい終末期ケアと、看取りについて学び、実践に移さなければいけないと思います。

これについて思い起こすひとつの言葉があります。それは死に直面した人にいかに向き合うかという実践例で、東京の聖路加国際病院の名誉院長をしておられた日野原重明先生の言葉です。先生は五年前に百五歳でお亡くなりになりましたが、亡くなる数か月前まで、病院を回り、死に近い人々を励ましておられました。そして、「あと一日か二日で亡くなる患者と対面し、一緒に死ぬ思いで優しく語らい、時間を共有します。時間を共有することは命を共有することです」とおっしゃっていました。

これは私がいちばん心を打たれる、終末期の人への思いです。私たちは福祉人として、これから増えていく高齢者の終末期ケアと看取りにおいて、尊厳のある死に向かう、高齢者の良き伴走者でなくてはいけないと思っています。

福祉のリーダーとして求められること

自己改革から始めること

人間の尊厳にふさわしい支援を行うために、私たちは何をしたらいいのでしょうか、反省を込めて考えていきましょう。

まず私たちは、自己改革から始めなければなりません。「他人が」ではなく、「自分が」です。そのことを理解するために私の若き日の経験を話しましょう。私が中学三年のときに戦争が終わりました。戦争が終わり、日本は一変しました。一日にして全体主義と軍国主義から、自由主義へと変わったのです。若い我々にはさっぱり分かりませんでした。

そのときに若い体育の先生が、私たちを集めて、放課後に輪読会を開きました。そのとき先生が私たちに読ませたのは、河合榮治郎が書いた『自由主義の擁護』（白日書院）という本です。河合は、東京大学の教授でしたが、自由主義者であり、ファシズムを批判して軍国主義に反対し、大学を追放された人です。後に、私は絶版になったその本をどうしても欲しくなり、図書館で見つけてコピーし、今も大事に机の上に置いています。その本の中には、「改革を実践するにあたっては、『誰が』と言わず『吾が』と反問せよ」という一節が書かれています。
すなわち新しい社会をつくっていくには、誰がしてくれるかと考えるのではなくて、「私が」という、自己改革が必要であることを教えているのです。

自己反省

二つめは、この自己改革を実践するためには自己反省が必要です。今、福祉の世界においても不祥事が絶えません。いじめや虐待、暴行が頻発しています。大きく我々の心を傷つけたのは、平成二十八年に起こった神奈川県の津久井やまゆり園の事件です。元職員が、入所している障害者十九人を刺し殺したという、恐るべき犯行でした。しかしこの事件を私たちはどう受け止めたでしょうか。「ひどいことだ。でも我々の施設ではそのようなことはない」で終えているのではないでしょうか。

以前、私が厚生労働省の審議会の委員をしていたとき、隣に東京大学の教授で重度の障害のある福島智教授という方がいらっしゃいました。福島教授は子どものときから耳も聞こえず、目も見えない重度の障害者です。アシスタントが指で手の甲に点字を打つことによって、周りの状況を把握しておられました。この福島先生が、津久井やまゆり園の事件について次のように新聞に書いていらっしゃいました。

「誰の心にも潜む差別心と、真剣に向き合うべきである」。それは衝撃的な言葉でした。事件を対岸の火事とせず、自分の問題として捉えよと忠告されたのです。

私たちは、不祥事を他人事とせず、自分の心にも同じ差別心がないか反省しなければいけないのです。

自己研鑽

次に自己研鑽です。自己改革を実践するためには、まず自己反省をし、それによって自分に足りないものを認め、自己を高めていく自己研鑽に励まなければなりません。そして優れたリーダーとしての人間力を開発していかなくてはなりません。皆さんがこれから社会のリーダーとして求められる人間力には、次の四つの点が考えられます。

①知的能力

ひとつめは知的能力です。福祉を志す者は知的にすぐれていなければならないのです。そのためには、謙虚に自分の足りないところを認め、素直に教えを受け、広い心で他者から学んでいく。この学びが私たちには必要です。

学ばなくなったら人間に成長はありません。成長がなくなったら福祉事業も止まってしまいます。私たちは、福祉の発展を志す限り、絶えず学ぶ人でなくてはいけないのです。

そして、学ぶことによって、私たちは人間の尊厳の大きさと深みを自覚することができるのです。

これについて、福祉教育の提唱者として有名な伊藤隆二先生は、「学ぶことはよく生きることである。学ぶことに徹すれば生きることの尊さがわかり、人生の深みを体験する」と述べています。

まさにその通りです。私たちは謙虚に素直に広い心で学ぶことによって、よく生きることができるのです。学ぶことに徹するならば、生きることの尊さと人生の深みがわかってくるのです。これが自己研鑽の大事な意味であると考えています。

②社会・対人関係の力

二つめに大事なことは、よき社会関係と対人関係の力をつくることです。多くの人と連携することで、公共心とコミュニケーションのスキルを高め、他の人を受け入れる包容力を持つことにより、共に生きる共生力を持つのです。ここから社会をまとめる力が育っていきます。自分のカラに閉じこもっていては未来はありません。社会や他者との関係を強め、よき人脈を持つことがリーダーとしての皆さんに求められています。

③自己抑制の力

次に大事なことは自己抑制力の力です。リーダーとなるためには、自分を抑える力が必要です。自分が中心になり、自分の言う通りすべてが動くと思い、自分を抑えることができない自己抑制力のない人はリーダーになる資格はありません。社会の人たちと対人関係を結んでいくには忍耐力が求められるのです。

④精神的な力

四つめは精神力です。これは心の力です。そのためには知性、感情、意思のバランスが取れていることが必要です。バランスの取れていない人間、頭だけがいい、感情が先立つ、意思だけが強い人はすぐれたリーダーとはなれません。バランスのとれた人間となるには、謙虚さ、慎重さ、他者への配慮、責任感、貢献心、広い視野と高い志をもった円満で力強い精神を持つことが求められます。福祉の理論や知識、社会をまとめる手法だけでリーダーの役割を果たすことはできないのです。

皆さんが有能なリーダーとなるため、バランスのとれた精神的力をもち、魅力的な品位ある人間となることを期待しています。

安らぎある社会へ

人間の尊厳について考え、それをどのように守るか、そのために自分はどのような人間になるべきかを考えてきました。これを踏まえて最後のまとめに入りたいと思います。

「人間尊重」から「同胞精神」へ

人間尊重は、同胞への愛、すなわち同胞精神へと発展していきます。

これについて、世界人権宣言もその第一条で次のように表明しています。

「すべて人間は、生まれながらにして自由であり、かつ、尊厳と権利とについて平等である。人間は、理性と良心とを授けられており、互いに同胞の精神をもって行動しなければならない。」

このように、私たちは平等の人間として尊重し合い、同胞として、共に助け合って生きていかなければなりません。

世界人権宣言は、二十世紀の二つの世界大戦を契機につくられました。第一次世界大戦は、大正三（一九一四）年から大正七（一九一八）年まで続き、一千万人の兵士が命を失いました。第二次世界大戦は、昭和十四（一九三九）年から昭和二十（一九四五）年まで続き、兵士や民間人が、一億人も亡くなってしまいました。このようなむごい、人権を無視した戦争の悲劇を反省し、世界人権宣言が公布されたのです。私たちはいかに人間が尊び合い、助け合って生きるかを考え、実践に移さなければならないのです。

全人類の苦しみの共有

私たちはどのように行動すべきでしょうか。

それは、全ての人の苦しみを共にすることです。地域共生社会の時代におけるリーダーは、単に目の前にいる苦しむ人だけではなくて、世界の全ての苦しむ人の苦しみに、目を向けなくてはなりません。

これについて学んだのは、私がドイツに行ったときでした。ドイツの北西部に障害者の町ベーテルがあります。今から一五〇年前に、キリスト教の信徒たちが、一軒の農家を借りて、てんかんの五人の子どもたちを世話したことが始まりです。

この施設の二代目の施設長であった、ボーデルシュヴィングの時、ナチス党が政権を握り、障害者を不要な人間として安楽死させる計画を実行しました。六万人の障害者が価値のない存在として命を奪われたと言われています。障害者安楽死の命令はベーテルにも与えられました。ナチスに反対することは怖いことでした。しかしボーデルシュヴィングは命をかけて安楽死計画に反対し、自分の施設の障害者だけでなく、ドイツの障害者を神の子として守り抜いたのです。

この精神は、今でもベーテルに伝えられ、ひとつの美しい祈りとなっています。全ての人の苦しみを共有する祈りです。

「すべての保護を必要とする人たちを、たとえ私たちが直接支援することができないとしても、私たちはこの人たちの負担の一部を心の中で共に担っています。」

新しい共生社会のリーダーとなる皆さんが、目の前で苦しむ人はもちろんのこと、世界の全ての苦しむ人に心を向けていただきたいと願っています。

共に生きる社会の先駆者たれ

今世界は、大変な紛争の時代に入っています。多くの難民や犠牲者があふれ、今日も悲惨なニュースが報じられています。なぜそのようなことが起こるのでしょうか。第一次世界大戦、第二次世界大戦の苦しみで懲りていないのでしょうか。どうして罪のない子どもたちや市民が傷つき殺されなくてはならないのでしょうか。

国内を見ても、無差別の殺人事件があったり、虐待や暴力で傷つき亡くなる人が後を絶ちません。孤独な人たちや、人知れず死んでいく孤独死が、私たちの住んでいる地域の中に起こっています。このような苦難に満ちた社会に安らぎをもたらし、本当にみんなが共に幸せに生きる豊かな社会をつくるのが、皆さんの使命なのです。

皆さんもご承知のように、渋沢栄一は、国の発展と国民の幸せに尽くし、「夢七訓」の教訓を遺しました。

「夢なき者は理想なし、理想なき者は信念なし、
信念なき者は計画なし、計画なき者は実行なし、
実行なき者は成果なし、成果なきものは幸福なし、
ゆえに幸福を求むる者は夢なかるべからず」

「ふくし未来塾」の塾生の皆さんが渋沢栄一の精神を受け継ぎ、新しい幸せな地域共生社会に対する夢をもって、進んでいくことを心から願い、私の話を終えたいと思います。

ご清聴ありがとうございました。

全国社会福祉協議会「ふくし未来塾」第二期基幹講義（令和五年二月）より

第2章

歩んできた道
～出会いと変化の日々から

ボランティア時代の著者（後ろ）

著者を囲む福祉関係者有志の集い「大津茶話会」が実施した著者へのインタビュー記録を要約して掲載しました。

幼少期の思い出から青年期の出会い、障害福祉の道へ進んだ後の多岐にわたる実践を通して、福祉関係者に向けた幅広い視点からの提言です。

聞き手は髙原弘海氏（社会福祉法人旭川荘常務理事）。

子どもの頃のこと

――大津茶話会の活動は十年を重ねてきました。これを機に、德川先生の幼少期から今日に至るまでのお話を伺いたいと思います。どうぞよろしくお願いいたします。

德川先生は、昭和六(一九三一)年二月に東京の下落合でお生まれになったと伺っています。生まれた街や家のことではどのようなご記憶がありますか。

自然のなかで丈夫に育つ

德川　東京で生まれましたが、三か月後に父が三重県の明野(あけの)陸軍飛行学校の校長に就任し、伊勢市に引っ越しました。ですから、生まれた東京の町や家についてはまったく記憶がありません。ただ、私は無呼吸の状態で生まれたと母から聞きました。もう少しその状態が続いていたら死んでいたか、助かっても脳性麻痺児になるところでした。そのため虚弱児として育ちました。生まれてすぐに肺炎にかかり、朝までに熱が下がらなければ命はないと医者に言われたそうです。どうせ死ぬのならと母は一晩中私を抱いていたら、明け方になって奇跡的に熱が下がり、一命をとりとめました。手のかかった子どもだけに、母は私をとても可愛がってくれました。

――お母様の愛情で死の淵から戻ってこられた感じだったのですね。小学校に入られる頃から、中学生の頃はいかがでしょうか。

徳川　小学生の頃、私は臆病で内気な子どもでした。体育は苦手で、運動会の競走ではいつもビリでした。教室で教科書を読まされても、大きい声も出せない子どもでした。でも幸いなことに、私の家は町はずれにあり、豊かな自然に恵まれていました。今は住宅地になっていますが、私が子どもの頃は周囲に家はほとんどなく、イノシシが出るようなところでした。父は東京の都会より田舎が好きで、ここを安住の地としましたが、体の弱い私のことも考えていたのだと思います。

私は野や山を走りまわり、近くの川で泳ぎ、畑仕事をしたり、鶏や豚を飼ったりしているうちに、次第に丈夫になっていきました。中学校では剣道部に入り、卒業の時には初段を取るまでになりました。

しかし、私の幼少時代は戦争続きでした。昭和六年に生まれたときに満州事変が始まり、昭和十六年、小学五年生のときに太平洋戦争がはじまり、昭和二十年、中学三年生のときに終戦を迎えました。激動する状況の中でしたが、父と母に守られ、無事に育てられたことを感謝しています。

父のこと

——徳川先生のお父様は、我が国で初めて飛行機で空を飛んだ空の先駆者、徳川好敏(よしとし)陸軍大尉だとお聞きしています。また、お母様は敬虔なクリスチャンだったと伺っています。おそらくお父様の転勤で引っ越しが多く、ご苦労もあったのではないかと思います。ご両親についての思い出はいかがでしょうか。

徳川　両親は明治の生まれで、一緒に住んでいた祖母は幕末の生まれでした。ですから、私が子どもの頃は、まだ明治維新の雰囲気が残っていました。

祖母は、慶応元(一八六五)年に北九州の小倉城で小笠原家の娘として生まれました。翌年、長州征討で敗れ、父親が討ち死にし、藩主となった幼い兄と熊本藩へ逃れたそうです。幼いころ、祖母の部屋へ行っては飴をもらい、昔話を聞いたものでした。

これについて面白い話があります。それは、私が親しくしていた京都外国語大学の川崎桃太教授との出会いです。川崎先生はポルトガル語の教授で、宣教師ルイス・フロイスの『日本史』（全十二巻）を翻訳・出版し、菊池寛賞を受賞しました。令和元年に百四歳でお亡くなりになりました。実は、先生は長州征討のときに政府軍の騎兵隊を率いて活躍した高杉晋作の甥の息子でした。攻めた側の甥の子と敗れた側の孫が親しくなる、なんとも不思議な出会いだと話し合ったものです。

父は、水戸徳川家の出です。最後の将軍だった徳川慶喜の兄、慶篤の孫です。

三卿のひとつ清水家の当主で、明治十七年に東京の西早稲田にある下屋敷で生まれました。技術が好きで陸軍工兵隊に入り、日露戦争に従軍しました。その後、気球の研究をし、飛行機の操縦を学ぶためフランスに派遣され、航空技術を学びました。帰国後の明治四十三年に、東京の代々木練兵場で、日本で初めての飛行に成功しました。模型飛行機のような昔の飛行機についてよく話してくれました。

その後、明野陸軍飛行学校と所沢陸軍飛行学校の校長を務め、航空兵団長として中国北部の戦場に行きました。そこでコレラに感染して帰国し、療養していました。太平洋戦争がはじまり、所沢にある陸軍航空士官学校の校長となり、そこで終戦を迎えました。厳格で、無口な父でしたが、部下思いだったと聞いています。

母のこと

母は、九州の島原松平家の出です。明治二十九年に生まれました。子どもの時に両親を亡くし、三人の妹たちを抱えて苦労したそうです。東京の四谷にある雙葉女学校のフランス人のシスターから教育を受けました。そのためフランス語と英語ができ、私が子どもの頃は、母から英語を学びました。

大正十二年におこった関東大震災のとき、私の一番上の姉が柱の下敷きになり、五歳で亡くなりました。父は不在で、母一人で姉を救うことができませんでした。次第に呼吸ができなくなり、お祈りを口ずさみながら息を引き取ったそうです。母は、テントの中で娘の遺体とともに過ごした時の狂わんばかりの嘆き、悲しみを話してくれました。

母は、誰でも受け入れ、大切にする人でした。フランス革命の後に生まれたシスターたちからフランス革命の自由・平等・博愛の精神を学んだからでしょう。子どもの私を一人の自立した人間として育ててくれました。今でも覚えているのは、私が中学生になった時のことです。母は私に「あなたは中学生になりました。これからは、すべて自分のことは自分で考え、自分で決めなさい」と言いました。それ以後、母から「ああしなさい、こうしなさい」と言われたことは一度もありません。自分で考えて歩んでいく私を優しく見守ってくれました。

母について、今でも忘れられないことがあります。私が大学生の時、友人が訪ねてきて夜遅くまでしゃべっていましたが、話は他人の悪口になっていました。母は隣の部屋で黙って針仕事をしていました。

翌日、母と出かけ、伊勢湾を見渡す高台に来た時、母は私にこう言いました。「あなたは昨夜、何を話をしていましたか。あんなに他人のことを悪く言ってはいけません。海を見てごらんなさい。海はきれいな水だけを受け入れますか。きれいな水も、濁った水も流れ込んでいくではないですか。海はすべての水を受け入れ、無限の営みでそれを浄化していきます。あなたも大海原のような心を持たなければ、人の役に立つことはできません」と諭してくれました。また母は、「人を助けたいなら、階段の上から下にいる人に向かって『登ってきなさい』と言うのではなく、あなたが下まで降りていき、その人の手をとって一緒に上がっていきなさい。そうでなければ人を助けることはできません」と教えてくれました。大海原のような心を持つことと手を取って共に登ること、この二つの教えは、私の人生を導きました。私が福祉の道に入ったのも、この母の言葉が大きく影響していたと思います。

――徳川先生は、お祖母様とも一緒に生活されて、お父様もそうですけれど、水戸徳川家の日本の伝統的な文化や考え方、それに加えて、お母様がフランス人のシスターから学ばれたこと、そういった和洋のものがバックボーンとしてあるのだなと感じました。

徳川　私もそれを感じています。父には武士らしさが残っていました。正義感が強く、己に厳しい人でした。また、とても几帳面で、物事に徹底していました。父の書斎に入って何か取ると直ぐにばれてしまうほど、身の回りをきちんと整理していました。そうでなければ、おそらく飛行機事故で死んでいたでしょう。私も、多分に父の几帳面で徹底した性格を受け継いでいます。ルーズなところもありますが、計画通りにしないと気が済まない一面もあります。これは、最重度障害者福祉の道を切り開く力になったと思っています。

一方、母は、間違ったことは決して許しませんでしたが、おおらかで、広い愛情の持ち主でした。子どもの頃、伊勢の町で大洪水があり、朝鮮の方たちの居住地域が大きな被害を受けたことがありました。当時は朝鮮の方たちは差別され、避難するところもなく、誰も救おうとしませんでした。それを見た母は、「うちに来てください」といい、私たちの家の一階を開放しました。朝鮮の方たちが二十人ぐらい着の身着のままで家に避難してきたのを覚えています。その時の母の姿は、いつも私の心によみがえってきます。苦しむ人を受け入れるのが当たり前という心で育てられました。私が福祉の道を選んだのは、母の影響が強く関わっていたと思います。

きょうだいのこと

――先ほど、お母様が関東大震災のときにご長女を亡くされたお話がありましたが、徳川先生のごきょうだいのご記憶はいかがでしょうか。

徳川 私は七人きょうだいで、六番めに生まれました。いちばん上が震災で亡くなった姉、その次が震災で怪我をした姉、それから兄、続いて姉が二人、そして私と妹です。

今生きているのは、すぐ上の姉と私だけです。父も母も五人の兄姉妹も他界しました。向こうのほうが賑やかだと冗談を言っていますが、とても寂しいです。なかでも、可愛がっていた妹を思うと、とても切ないです。今思えば、私はとてもいい兄と姉妹に恵まれていました。兄や姉は弟の私を可愛がってくれましたし、仲良しの妹は私を慕ってくれました。今でも、よき父と母、兄と姉と妹を思い出すととても懐かしく、涙が出そうです。

戦中戦後の父と母

――徳川先生のお父様の著書を拝読して、工兵隊でその技術や飛行機にかける熱意のものすごさを感じました。もうひとつ印象的だったのが、航空兵学校の校長先生などをされ、後進を育てることに大変に力を入れておられた点でした。

お父様の教育者としてのイメージについて何かご記憶はありますか。

徳川　父は、飛行機乗りで転勤が多く、戦地にも行っており、ほとんど家にはいませんでした。家に帰ってきても無口で、書斎にいることが多かったです。厳格な人でしたが、怖い父親ではありませんでした。声を荒げたことはなく、私が子どもの頃には、一緒に逆立ちをして遊んだり、釣りに連れて行ってくれたりしました。教育っぽいことはひと言もいわず、私は父の背中を見て育ちました。

令和二年から朝日新聞に連載された「また会う日まで」という小説がありました。池澤夏樹の作品で、主人公は秋吉という海軍少将です。彼はクリスチャンで、同時に天文学者であり、海軍軍人でした。この三つの要素を一人の人格のなかにどう取り入れていくかがこの小説の主題でした。これを読みながら、私は、秋吉と父が重なるのを感じました。父もクリスチャンであり、航空技術者であり、軍人でした。そして、この三つをもった父の苦労を始めて知りました。

父は、幼い長女を地震で亡くし、その悲しみがきっかけで教会に通い、洗礼を受けました。外国人の神父さんとも親しかったため、軍からは睨まれていたそうです。クリスチャンであり、航空技術者としての誇りを持っていた父は、太平洋戦争には反対していました。私が海軍士官学校に入りたいといった時も許してくれませんでした。信徒、技術者、軍人の三つの立場で苦労した父のまじめな生き方、潔癖とも言えるほど己の利益を求めず不正を許さない正義感、徹底して物事に当たる精神、チャレンジ精神など、父の生き方から多くを学んできました。

戦争が終わった時、父は、昭和天皇の終戦の玉音放送を納めた録音盤を奪おうとする若手将校の不穏な動きを命がけで防ぎ、憔悴しきって帰ってきました。戦争犯罪には問われませんでしたが、連合国軍が出した公職追放の指令で仕事に就けず、漁村の小さな家に蟄居(ちっきょ)して書き物をし、釣りをして過ごしていました。

すべてを失った一家を支えたのは母でした。私たち家族は収入がまったくなくなり、家や家財をすべて売り払い、転々と間借りをしながら暮らしていました。そこで、母は伊勢の町で小さなぜんざい屋を開くことにしました。思い切りのいい母で、まったく経験したことのない商売を始めたのです。店の名前は「かにや」でした。母が好きだった石川啄木の歌、「東海の小島の磯の白砂にわれ泣きぬれて蟹とたはむる」にちなんで名づけたそうです。

数人のお客さんが入るといっぱいになる小さな店で、奥に狭い部屋が一間あり、そこで一家が暮らしました。夜になると、兄と私は押し入れの中で寝ました。私は、農家を回って小豆を買い入れたり、店番をしました。わずかな収入を得るため、休みの日には漁港へ行き、サザエの荷揚げ作業をして小銭を得ていました。

このような生活でしたが、そこでも母から学んだことは大きかったです。ある日、暴力団から抜け出した若い女性が店に逃げ込んできたことがありました。母は、彼女をかくまい、後に、彼女が結婚する時は、自分の娘として送り出したのです。母はそんな人でした。

その後、母はぜんざい屋をやめ、父と二人で伊勢のカトリック教会で働きました。父は受付や掃除をし、母は布教の手伝いをしていました。この頃が、父と母にとっていちばん穏やかな日々だったと思います。後に、母は滋賀県の彦根にあるカトリックの幼稚園の園長となり、園児の世話や、保護者さんたちの相談相手をしていました。父は元気を取り戻し、日本航空機操縦士協会の名誉会長となりました。パン・アメリカン航空会社とアメリカ航空隊から招待され、アメリカとヨーロッパを旅しましたが、帰国して三年後の昭和三十八年に、七十八歳で亡くなりました。その九年後、母は開設したばかりの「こひつじの苑」を訪れ、喜んでくれましたが、東京の兄の家に戻ってから肺炎にかかり、七十五歳で他界しました。

父も母も、私の自由を大切にし、決して押しつけるような教育はしませんでしたが、そのひたむきな生きざまで私を教育してくれました。心から感謝しています。

――徳川先生ご自身にとって、八月十五日はどういう状況だったのでしょうか。

徳川　終戦のひと月前、私たち中学三年生は三重県の四日市にある飛行場の整備に動員されていました。作業は、敵機に見つからないように戦闘機を退避させるための道路づくりでした。わずかなご飯と薄い味噌汁を与えられ、痩せ衰えて炎天下で働いていました。空腹を満たすため、近くの農家の軒先に積んであった豆かすを固めた肥料を小刀で削って食べました。そして、そこで広島と長崎の原爆投下を聞き、敗戦を知らされました。兵隊たちは「負けたのではない。やめたのだ」といきり立っていましたが、私たちは、空虚な思いで聞いていました。

作業は即座に打ち切られ、軍用トラックに揺られ、ガタガタの列車に乗って伊勢に向かいました。私は、左腿に大きな腫物ができて四十度の熱をだし、足を引きずりながら家にたどり着きました。

終戦。自由主義を学び、生涯の指針を得る

――戦中戦後もご苦労は大変だったのだろうと思いますが、特にご記憶に残っている場所や出来事がありますでしょうか。

徳川　懐かしいのは、少年時代を過ごした伊勢の町での思い出です。近くには伊勢神宮があり、二見浦（ふたみがうら）の海岸や志摩半島の自然がありました。神宮の式年遷宮には、新しい神殿をつくるための杉の大木を引っ張る町の伝統行事「お木曳」があり、私も友達と一緒に綱を引いてはあんパンをもらって喜んでいました。二見浦では五キロメートルの遠泳に挑戦したり、釣りをしたりと楽しい思い出がいっぱいあります。

しかし、その明るく楽しい日々も、やがて戦争に巻き込まれ、暗い日々へと変わっていきました。太平洋戦争が激化し、中学二年の時から本土空襲が本格化しました。伊勢市はアメリカの爆撃機が通るコースに当たっていたため、敵機の来襲を知らせる空襲警報が出

るたびに地下に掘った防空壕に退避する日々が続きました。Ｂ二九爆撃機から大量の焼夷弾が無差別投下されました。町は大半が焼け、中学校の校舎も全焼しました。そのような困難な状況の中にあっても、人間はしぶといものです。当時、燃料が不足するなかで、不発の焼夷弾は格好の燃料となりました。私たちは、木の枝に引っかかった不発弾を集め、危険を冒してふたをこじ開け、ゼリー状の油を取り出して燃料にしました。

家の近くには陸軍の飛行場や高射砲隊があり、それを狙った戦闘機からの機銃掃射も受けました。ある時、敵の戦闘機が墜落したと聞き、友達と見に行きました。田んぼに突っ込んだ飛行機のそばにパイロットが投げ出されて死んでいました。その周りに近所の人が集まり、棒で遺体をたたいていました。それはひどい光景でした。でも不思議なことに、私は冷めた目でそれを眺めていたのを覚えています。今考えると、人間性を失うとはこのような状態だと思います。戦争は残酷です。善良な人たちを憎しみに狂った残虐な人間に変えてしまうのです。

中学二年と三年の記憶は、戦争の体験しか残っていません。授業はほとんどなく、軍国少年として軍事訓練を受けたり、徹夜で山の中を歩く夜間行軍をして鍛えられました。勤労動員で畑や山の仕事をしたり、松の根を掘り出し、飛行機の燃料に混ぜる松根油をつくったりもしました。

中学三年の八月十五日、飛行場の整備に駆り出されていた時に敗戦となりました。それは、あまりにも突然の出来事でした。一日にして軍国主義が崩れ、戦いのない世の中になったのです。私たちは混乱しました。初めて聞く自由主義とは何かわからず、何でも好きなことを勝手にやることかと思っていました。

そのような虚脱状態から私たちを立ち上がらせたのは、若い体育の教師でした。先生は、放課後に生徒を集め、輪読会を開きました。輪読した本は、河合榮治郎の著書『自由主義の擁護』(白日書院)でした。河合榮治郎は社会思想家で、著名な自由主義者です。戦時中、ファシズムを批判したため著書は発売禁止となり、東京帝国大学教授を退職処分にされた人です。

もちろん、中学生にとってはあまりにも難しい本でしたが、私たちは真剣に読み、自由について考え、少しずつ自由主義を理解していきました。若き日の忘れることのできない懐かしい、しかも貴重な思い出です。

後にこの本が欲しくなり、図書館で見つけました。コピーして、今も大切に書斎に置いています。それは少年時代の思い出が詰まった宝物です。その中に、今でも心に残る大切な言葉があります。「改革を実践するにあたっては、『誰が』と言わずして『吾が』と反問し、自己の去就を決定せよ」「過失があっても再び立ち上がれ。たとえ改革にどれほど長い時間がかかっても、前途の障害がどれほど巨大であろうとも。あらゆる人の成長を図ることは、心の命ずる所である」との一節です。私の生涯の指針となりました。

青年期のこと

福祉人生の出発点

――青年期のお話を伺います。大学は、最初は京都大学の工学部で学ばれ、その後、上智大学の哲学科に入り直されたと伺っています。そもそも最初に京大の工学部で学ぼうとされたのはなぜだったのか、途中でなぜ移られたのでしょうか。

徳川　昭和二十二年に学制改革が導入されるまでは、中学校は五年制でした。十六歳で中学校を卒業した私は、名古屋にある旧制第八高等学校の理科に入学しました。その翌年、学制改革によって旧制高等学校が廃止され、新制大学の教養学部になりました。そこで、私は京都大学の工学部に入学しました。なぜ工学部を選んだかというと、戦時中、多くの家が空襲で焼き尽くされた惨状を目の当たりにし、家を失って苦しむ人たちのために役立ちたいと建築家を志望したからです。

私が京都大学に入学し、下宿を探していた時、たまたま母がカトリックの神父が開いた学生寮があることを聞き、そこに入ることになりました。寮長はジョン・ミュレットというアメリカ人の神父で、京都大学の英文科で教えていました。神父は大学の教員宿舎に住んでいましたが、昭和二十三（一九四八）年一月に、旧制第三高等学校の寄宿舎「自由寮」が火事で全焼し、焼け出された学生を神父が自分の宿舎に引き取りました。後に、これが学生寮となり、「ヴィラ・マリア」（マリアの家）と名づけられました。

私が初めてヴィラ・マリアに行った時のことです。京都駅から市電に乗り、東山通りの百万遍で降り、学生寮に行くと、入り口に一人の外国人が座って本を読んでいました。そして、私を見るなり、「よく来た」と抱きしめ、「ここは狭いけれど、心は広いからいつまでも居なさい」と言ってくださいました。戦争で心のすさんだ私にとって、久しぶりに聞く優しい言葉でした。こうして寮生活が始まりました。

狭い職員宿舎で十人ほどの学生と寝食を共にする神父は、まさに私たちのおやじであり、そこからは、宗教者、教育者、医師、法律家、ジャーナリストなどの多くの優れた人材が社会に出ていきました。そして、神父と生活を共にするうちに、その優しく広い心に惹かれ、やがて宗教の道で世のために役立ちたいと強く願うようになりました。神父に相談し、カトリック系の大学である上智大学に入学し、哲学を四年、神学を四年修め、京都に戻って教会で働きました。

二十七歳から三年間は、京都の河原町にある教会で働きました。教会が河原町の繁華街にあったため、いろいろな人生の裏も見てきました。自殺念慮の青年が訪ねてきたり、夜の世界に落ち込んだ人の救いを親から頼まれたり、幼児の死体遺棄の現場にも立ち会いました。その後五年間、三重県の津の教会で働きながら、女子中高のミッションスクールで社会科を教えました。しかし、私が最も心したのは、苦しむ人たちの援助でした。差別された障害者や苦しむ病人、死を迎える人たちの話を聴き、助けることは私の大切な大仕事でした。病気の父親と子どもたちの貧しい父子家庭に泊まり込んで世話をしたこともありました。これらの経験が、後に福祉に進む力を与えたのだと思います。

三十五歳になって京都に戻り、左京区の教会で働きましたが、ここで障害者団体の子羊会に出会い、障害者を支援することになりました。そして、差別され、苦しい生活を送る最重度障害者に接し、この人たちのために、何かしなくてはならないと考え、福祉の道を選びました。私の福祉人生の出発点です。

——横須賀基督教社会館の阿部志郎先生は、もともとはビジネスの世界に入ろうと、今の一橋大学に入学して勉強していたところ、富士山麓にあるハンセン病の施設を訪ね、そこでの看護師との出会いが福祉の道に入るきっかけになったと伺いました。

徳川先生は、寮の火事がなければ建築家になられていたということで、不思議なご縁を感じました。

徳川　本当に人生とは不思議なものです。私も、ヴィラ・マリアに入らなかったら、建築家として働いていたと思います。ミュレット神父との出会いが、私を宗教の道に進ませ、さらに福祉の道を開きました。

阿部志郎先生がハンセン病の施設を訪ねられたことが福祉の道に入るきっかけとなったことを初めて知りました。それを決意した気持ちはよくわかります。

実は、私にとっても、偏見と差別に苦しむハンセン病患者さんとの出会いは、福祉への道に大きく影響しています。私は、上智大学の学生の時、ハンセン病の施設でボランティアをしました。阿部先生が行かれた施設は、私がボランティアをしていた施設だと思います。富士山の東側にある御殿場市の神山復生病院で、明治二十二年にフランス人のテストウィド神父が設立したハンセン病療養所です。当時の看護婦長の井深八重さんは、私の上智大学時代の学友を育てた方でした。私たちは療養所を訪れ、患者さんの部屋でお茶をいただいて話し合ったり、元気な患者さんたちと野球をして交流しました。

また、私のいとこ小原安喜子（おはらあきこ）は、ハンセン病医療の医師として岡山県のハンセン病療養所邑久光明園で勤務し、人間として患者さん一人一人に尽くしていました。このことは、私の福祉への思いを強めたと思っています。

福祉の道に入ってから、私は、奈良の東大寺の近くにある北山十八間戸に思いを寄せています。それは、鎌倉時代に忍性（にんしょう）上人が開いた日本最古の慈善救済施設で、孤独からの救済を願い、ハンセン病などの重病者を救った建物です。私は、奈良へ行くと、必ずそこを訪れます。そして、かつて忍性がハンセン病者を背負って奈良の町で施しを求めて歩いた姿を偲び、心の糧としています。

――奥様との出会いについてお伺いしてもよろしいでしょうか。

徳川　私は、こひつじの苑の施設長となった時、施設の運営に社会福祉の専門的な知識が欠かせないことを痛感し、同志社大学の大学院に入り、社会福祉学を専攻しました。そこで、同じ修士課程のゼミにいた大学院生の妻に出会いました。妻は人生の伴侶であるとともに学友であり、私の仕事のよき理解者であり、協力者でもあります。同志社大学で学んだことは、私の仕事だけでなく、人生にとって大きな意義を持っています。

――当時、外国の福祉などに関する書籍を英語の原文で読まれたことはありますか。

徳川　私は、英語が上手ではありません。戦時中、英語は敵国語であるため使用されず、中学校でも英語の授業はほとんどありませんでした。それに、私は理数系が好きで、中でも数学は得意でした。文系は苦手で、英語は嫌いでした。でも、ヴィラ・マリアではイングリッシュ・オンリーの規則があり、食事の時など、神父を囲んでみんな英語でしゃべっていましたし、その後、アメリカ人の神父やシスターとの付き合いも多く、英語の感覚が少しは身につきました。

海外での視察や募金、世界会議でのスピーチも英語で行いましたが、今では英語で話す機会はなく、英語を理解する力は減っています。英語の原書を読むのも時間がかかるので、つい訳本に頼ってしまいます。

わが国初の身体障害者療護施設の開設

基本理念「最も援助を必要とする最後の一人の尊重」

――「こひつじの苑」についてお話しいただけますでしょうか。

徳川 まず、施設の開設に至るまでについてお話しします。当時は、常時介護を必要とする最重度身体障害者は福祉法の対象から外され、劣悪な生活を送っていました。親子心中や障害児者殺しなどの悲劇もたびたび起こっていました。そして、この人たちを支援するためにこひつじの苑の設立運動を起こしました。

まず、昭和四十二年に設立準備委員会を立ち上げ、国に対して法律改正を要望し、京都府と京都市に支援を求めました。そして、マスコミを通して最重度障害者のための施設の必要性を訴え、趣意書を配って協力を求めました。資金集めのために企業を回り、街頭募金、バザー、古紙回収、みかん売りもしました。チャリティーショーでは、坂本スミ子さん、森山加代子さん、天地真理さんに歌っていただき、N響室内楽団の演奏会も開きました。建設用地は、朝日新聞で施設の設立を知った京都府船井郡園部町（現・南丹市園部町）の篤志家から提供されました。

その間、私は暇を見つけては、設立を祈願して比叡山を歩きまわり、思いを深めていました。施設の未来像に思いをめぐらした日々が懐かしいです。

昭和四十七年に身体障害者療護施設が制度化され、わが国最初の身体障害者療護施設こひつじの苑を開設し、施設の基盤づくりに取り掛かりました。

最初に行ったのは、「この施設がどのような理念をめざしてつくられたか」を職員に周知することでした。そして、「最も援助を必要とする最後の一人の尊重」という基本理念を示し、この理念をめざして働くことを求めました。その後、この基本理念は、全国身体障害者施設協議会の理念ともなっています。

後になって、私がこの基本理念の重要性をさらに強く確信したのは、哲学者ジョン・ロールズの『正義論』を読んだことによります。そこには、「正義の核心の一つは、最も不遇な立場にある人の利益の最大化を配慮することである」という言葉がありました。これにより、「最も援助を必要とする最後の一人の尊重」という基本理念の実践は、「社会正義の実践」そのものだと確信し、勇気と誇りをもって社会正義のために働こうと職員に訴えました。

三つの実践目標「人間の尊厳の尊重」「成長の支援」「生きがいの追求」

次に、利用者を支援するにあたって、「人間の尊厳の尊重」「成長の支援」「生きがいの追求」を職員に求めました。これは、こひつじの苑開設の前年、私が海外の障害者福祉を視察した時に学んだ実践理念でした。

人間の尊厳の尊重については、ニューヨークでお会いした国連の国際障害者リハビリテーション協会（現 国際リハビリテーション協会）の会長であるハワード・ラスク博士から学びました。

すなわち、「最重度障害者の問題は世界の問題です。重度障害者に対して人間の尊厳にふさわしく接し、人間としての成長を支援しなさい」という教えです。

生きがいの追求については、ニューヨーク大学附属病院のリハビリテーション部部長の伊藤正義教授から学びました。先生は、「寝たきりで、虚ろな生活を送っていた女性に生きがいを与えるため、口紅を固定し、自分で唇を押し付けて化粧ができるようにしたところ、彼女は生きがいを見出し、見違えるように明るくなりました。しかし、職員たちが無関心になった時、彼女は化粧をやめ、失望し、最後に舌をかみ切って自殺してしまいました。この苦しい経験から、目的のない生活は、死ぬよりも苦しいということを学びました」

と教えられました。

このように、「最も援助を必要とする最後の一人の尊重」という基本理念と、「人間の尊厳の尊重」「成長への支援」「生きがいの追求」という三つの実践目標を職員と共有し、これについて話し合い、研究し、支援計画を立てました。

そして、施設の運営には、まず施設長である自分自身が率先して専門性を身につけなければならないと思い、同志社大学の大学院で社会福祉学を学びました。施設長の姿勢こそ、職員の教科書であると思ったからです。働きながら大学院で研究することは大変でしたが、その後の施設運営や職員育成を行ううえで大きい力となりました。

職員たちも勉強会を開き、研修会にも積極的に参加しました。全国の研究大会で学び、海外視察セミナーにも参加しました。

また、施設が孤立し弱体化しないために、他の施設や団体との連携を重視しました。全国的には、療護施設による身体障害者施設協議会の設立に尽力し、施設サービスの向上や人材育成に努めました。地元では、京都新聞社会福祉事業団と協力し、全国に先駆けて京都障害者自立センターを立ち上げ、障害者の社会参加や自立に努め、施設種別を超えた作業連絡会を結成し、モノづくりや販売活動を広げました。

「こひつじの苑」で大事にしてきたこと

仕事の効率化と人間らしい生活援助の追求

――施設の利用者には大変重度の方が多く、サービスの質を向上させるための効率化にも力を入れておられたと伺っています。

徳川　重度障害者へのサービスの質を高めるためには、施設の仕事を効率化して職員の負担を軽くし、健康を保持することが重要な課題でした。そのため、施設の設備を整備することに努めました。

こひつじの苑の状況は、利用者さん全員が車椅子の使用者であり、入浴は全員が介助を必要としており、更衣、食事、排せつなども大半が介助を必要としていました。これに対し、当時の法規（昭和五十一年）で定められていた職員数は、利用定員五十人に対し、介護者の基準定員は十八人でした。勤務交代や休日などを勘案すると、一人の介護者が数人の利用者を介助することになり、重労働でした。そのため、介護者の腰痛予防は最も大きな課題でした。職員が腰痛で働けなくなったら、施設は運営することができません。そこで、どんなに費用が掛かっても職員の負担を軽減するための介護機器を入れることにしました。

当時まだ普及していなかった介護用ベッドを全利用者に整備し、各居室には天井リフトを取り付けました。浴室には特殊浴槽とリフトを設置しました。これらは、現在では当たり前の設備ですが、五十年前では新しい取り組みでした。

また、トイレ用の車椅子も職員たちが考案して実用化し、効率化を高めました。

今では広く普及しているリフト付き車両も当時はなく、外出や通院には大変苦労しました。このような時、東京の施設でリフト付きバスを作ったと聞き、それを参考にして自動車整備工場と協力してリフト付き車両を製作しました。

これらの取り組みに加え、腰痛予防体操を全員に徹底させ、腰痛ゼロを達成することができました。

利用者さんへの援助内容としては、私たちの実践目標に従い、「人間らしい生活」「リハビリテーション」と「生きがい」について、職員と共に考え、取り組みました。

多くの利用者さんは、入所前には劣悪な生活を送っていた人たちです。たとえば、脳性麻痺のため四肢不随と知的障害のある利用者さんの母親は、「何度もこの子を抱いて谷川に飛び込もうと思いました」と打ち明けましたし、成人ですが幼児ぐらいの背丈しかなく、体幹が安定しないため、家では一日中かごの中で暮らしていた利用者さんもいました。

このような人たちが人間らしい生活を送り、人間として成長し、生きがいを見つけるためにはどうしたらいいのか、職員たちは熱心に考え、話し合い、取り組みました。そして、生活介護だけでなく、整形外科医やPT（理学療法士）の指導を受けて運動訓練を実施したり、専門家による言語訓練も行いました。さらに、介護者や看護師だけでなく、事務員や調理員も全職員がそれぞれの職域で努力しました。たとえば、事務員は、金銭の受領や支払い、電話の取次をするとき、自立した社会人として利用者さんに対応することに努め、調理員は、ふきのとうを採って旬の食事を提供するなど、季節感のある家庭的な食生活に努めました。

社会に出る取り組みも行いました。今でも思い出すのは、バスに乗って日本海の由良海岸に行った時のことです。初めて見る海の広さに目を見張る利用者さんもいました。波打ち際に敷いたムシロに寝転がり、「これが海水や、辛いやろ」と海水をなめさせてもらう利用者さんがいたのを忘れることができません。

開苑一周年記念行事のテーマを募集した時には、利用者のほぼ全員が「生きがい」と「社会との交流」を希望しました。開苑の二年後からは、町の成人式にも出席しました。美術館や動物園に行ったり、ショッピングを楽しみ、サーカスや祇園おどりを見たり、相撲やサッカーを観戦しました。一泊旅行や障害者キャンプに参加し、青年会議所の旅行に参加する利用者さんもいました。

利用者の生き生きとした暮らしのために

生きがい対策にも取り組みました。手芸サークル、絵画サークル、文芸サークル、音楽サークル、囲碁将棋サークルなどをつくり、文集をつくったり、作品の展示販売も始めました。専門家の指導を受けて七宝焼をつくり、販売しました。京都の店で委託販売をしましたが、店の人は「よく売れています。障害者の方がつくった七宝焼には、利益を度外視した純粋な気持ちが色合いに表れ、とてもきれいです」と言っていました。

手芸サークルで作った作品は、オランダのロッテルダムで開かれた日本博にも出品しました。ロッテルダムの市長さんが京都を訪れた時、博覧会で江戸町を開くので、ぜひ障害のある人たちの作品を出してほしいと依頼され、実現しました。こひつじの苑だけでなく、京都の障害者がつくった作品も四千点ほど集め、運送会社の好意により無償でオランダまで運びました。さらに、ロッテルダム市長の要望により、障害者とボランティア二十名がロッテルダムに行き、現地の障害者とも交流しました。帰りには、スイスのモンブランの麓にあるシャモニーを訪れ、雄大なアルプスの景色を楽しんだのも懐かしい思い出です。出発前と帰国後の自立に対する変わりようは、目を見張るものがありました。

絵画サークルでは、専門家の手ほどきを受け、美しい絵を描くようになりました。利用者さんの発案で大阪梅田にある大阪マルビルで絵画展を開き、ぜひほしいと希望する来場者が高値で買い取っていきました。施設としても、利用者さんの美意識を高めるため、画家が描いた原作の絵画を飾ったり、スペインの現代巨匠ホアキム・イダルゴ画伯夫妻を招いてチャリティ絵画展を開きました。

生きがい対策としての手内職も始めました。不良コイルの銅線ほどきはそのひとつです。一個ほどけば一円もらえます。先ほどお話しした母親が谷川に身投げを図ろうとした寝たきりの利用者さんもこれに挑戦し、苦労しながら一か月かかって十円を稼ぎました。我々からすればわずかな額かもしれませんが、彼にとっては生まれて初めて自分で手に入れた十円玉であり、これをしっかり握った息子の誇らしい姿に、老いた母親は泣いて喜びました。労働の尊さを教える十円玉の重みに、多くの人は心打たれたのでした。

教育については、開設当時、利用者さんの半数が義務教育を受けていない未就学者であることに対応しました。この人たちの勉強への意欲は強く、地元の元教員に来ていただいて勉強したり、通信講座でドイツ語を勉強する人も出てきました。この熱意に応えるため、地元の小学校の校長先生と話し合い、小学生と一緒に勉強する「そのべ交流教室」を実現しました。毎年、秋になると、小学四年のクラス全員が先生に引率されて施設を訪れ、利用者と交互に座って勉強しました。国語、算数、社会など正規の授業です。小学生が隣の利用者に「書いてあげようか」と声をかけたり、消しゴムで「消してあげよう」と手助けするなど、ほほえましい情景を見かけました。勉強が終わると、利用者さんが先生になり、生徒たちに福祉について話しました。それは、勉強の場であり、交流と助け合いの場であり、福祉教育の場でした。

さらに、同志社大学の大塚達夫教授を講師として招き、住民も参加する公開福祉講座を開いたり、重度知的障害児施設止揚学園を創設した福井達雨さんによる講演会を入苑者の会の主催で開きました。また、京都市で開催された外国人による福祉講演会にも参加しました。英国の重度障害者施設、リ・コートのJ・レーガン所長、オランダの障害者施設へット・ドルプのクラップワイク博士、オーストラリアの障害者作業所センター・インダストリーズのマクレオド所長夫妻、アメリカの重度障害者のウィルキー博士など、世界的な障害者福祉の先生のお話を聞き、世界の福祉へと視野を広げました。

スポーツについては、車椅子競争や卓球バレーなどの障害者スポーツを楽しみました。

秋には地域住民や子どもたちとともに運動会や盆踊りを行い、京都府の障害者スポーツ大会にも参加しました。そこでは、重度障害者のための車いす駅伝競走や、匍匐（ほふく）による十メートル・マット競争に出場しました。ある利用者さんは、昭和五十八年に群馬県で開催された全国身体障害者スポーツ大会に京都府代表として出場しました。

真摯な生き方が周囲の人びとを変えていく

次に社会貢献についてお話しします。利用者さんたちは、「与えられるだけでなく、自分たちより苦しむ人のために尽くしたい」と願いました。そして、敬老の日に老人ホームを慰問したり、災害募金を始めました。メキシコ地震の時にはお金を出し合い、園部教会のメキシコ人の神父さんに手渡しました。

ここでぜひお話ししたいのは、開苑の翌年から始まった入苑者の会主催の「まごころ募金」です。これは一人の若い利用者さんから始まりました。彼は、沖縄県出身の青年で、高校生の時に沖縄県体育大会の器械体操に出場して準優勝を勝ち取りました。ところが、高校二年のおわりに、練習中に鉄棒から転落し、頸椎損傷で四肢不随の最重度障害者になりました。こひつじの苑に入所し、失意の中で暗い日々を送っていましたが、ある日、飢餓のためやせ衰えて死んでいくアフリカの子どもたちの写真を見て、この子どもたちを救いたいと「まごころ募金」を始めました。募金の輪は広がり、職員も協力し、毎月お金を出し合って国連のユニセフに送り続けました。ユニセフから感謝状も届きました。

明るさを取り戻した彼は、利用者さんらのよきリーダーであり、施設の光でした。病のため若くして亡くなりましたが、最後にひと言「ありがとうございました」と言い残して去っていった彼を忘れることができません。苦難を乗り越え、苦しむ人を助けたこの青年の生きざまは、私の生涯における最大の学びであり、宝です。

このような利用者さんたちの真摯な生き方は、周囲の人びとを変えていきました。非行のため補導されていた高校三年の女子生徒は、施設で一泊二日のボランティア活動をして帰る時、私に一枚の紙を渡しました。そこには、「ありがとう　生きる目的を。私は人の温かさを忘れていました。友人を裏切り、自らも傷つき、希望を見つけることができませんでした。これからは、自ら強く生きなければと思います」と書いてありました。また、他県の修学旅行生を脅迫して逮捕された補導中の高校一年の男子生徒は、冬休みに施設でボランティア活動をし、新年会で皆が抱負を述べたとき、「今年こそ、優しい人になりたいです」と語りました。私は、障害のある人たちから人生を学んだ若者たちを見て、かつて糸賀一雄（いとがかずお）先生が言われた「この子らを世の光に」という言葉の重さを感じたのでした。

苦しみに耐えながら前向きに生きる障害者は、私たちの人生の教師です。

海外に目を向けるため、外国人との交流にも取り組みました。アメリカ、台湾、韓国、フィリピン、タイ、リトアニアなどから実習生やボランティアを受け入れ、学び合い、交流しました。カナダの障害者団体「空飛ぶ車椅子」を招いて交流したことも、利用者さんにとって大きな啓発となりました。

こうして利用者さんたちは大きく変わっていきました。今まで隔離された生活の中で閉じ込められていた力が、一気に噴き出していくのが感じられました。やがて彼らは、自分たちの生活は自分たちで決めようと入苑者の会を通して施設生活の決定に参加するようになりました。

以上は、利用者さんがいきいきと暮らした日々の思い出です。昭和五十六（一九八一）年にはＮＨＫ教育テレビが来苑し、こひつじの苑における利用者さんの生活を収録し、放映しました。

昭和から平成、令和の時代を振り返って

地域に根ざした新たな社会福祉法人・施設の設立

――昭和五十四（一九七九）年からの時代を発展期とおっしゃっていましたが、その過程で、社会福祉法人京都太陽の園を設立、「こひつじの苑舞鶴」を創設されたり、地域展開を図っておられます。そのあたりのお話をいただけないでしょうか。

徳川　昭和四十七（一九七二）年に「こひつじの苑」を開設し、創設期を迎えて施設の基盤を固めました。そして、昭和五十四年に新しい社会福祉法人を設立し、福祉事業を地域に広めていく発展期に入りました。

ここで、新しい社会福祉法人を設立した理由を説明します。最初に「こひつじの苑」を設置・運営したのは、カトリック教会に属する社会福祉法人カリタス会でした。しかし、この法人の事業は、京都府、滋賀県、奈良県、三重県の広範囲に広がっており、種別も高齢者、身体障害者、知的障害者、児童などと多岐にわたっていました。しかも、そのほと

んどは別々の修道会によって運営されていました。そのため、法人として統括することが難しく、財政的負担も大きくなり、法人はさらに新しい事業を始めることを望んでいませんでした。すでに、ある施設はカリタス会からの分離独立を進めていました。

　私たちは障害者福祉の発展のために授産施設の設立を希望していましたが、それを実現することは困難であり、行政もカリタス会が新しい施設を設立することは不適切であると指導していました。また、カリタス会の施設運営は教会や修道院が中心になっており、それは強みである反面、地域に根づいた運営には欠けていました。

　このような理由で、新しく地域に根ざした社会福祉法人の設立が必要となり、京都府の指導を受け、園部町とも話し合いを重ね、新法人の設立を決定しました。そして、昭和五十四年、社会福祉法人京都太陽の園が設立されました。理事長には、京都府立児童自立支援施設淇陽学校の元校長であり、保護司として「社会を明るくする運動」の会長を務めていた地域福祉の第一人者の西浦文雄氏にお願いし、福祉の専門家の大塚達雄教授はじめ、地域の学識経験者、婦人会会長を理事にむかえ、常務理事には私が就任しました。二代目の理事長は、元京都府の副知事で後に衆議院議員となった野中広務氏にお願いしました。

　新しい法人を設立したことにより、昭和五十五年に重度障害者授産施設「京都太陽の園」をこひつじの苑の隣接地に開設し、障害者福祉を発展させました。

昭和六十二（一九八七）年には舞鶴市に身体障害者療護施設「こひつじの苑舞鶴」を開設し、さらに南丹市、舞鶴市、宮津市と連携して京都府の中部と北部に地域に密着した障害者福祉事業を広げていきました。地域社会に根差した福祉が広がるにつれ、地域住民の福祉に対する関心も高まり、京都府の中部では京都太陽の園後援会が発足し、北部ではこひつじの苑舞鶴後援会が発足しました。

以上のように事業が地域に広がっていくにつれ、利用者さんの地域参加も進んでいきました。開苑から九年たった昭和五十六（一九八一）年の国際障害者年には、こひつじの苑と京都太陽の園の利用者さんは、園部町の記念行事に参加しました。公民館で開催された町民の集いでは、車椅子の利用者さんが住民を前に自らの体験を発表し、続いて車椅子を連ねて町内をパレードし、ふれあい広場で多くの住民と交流しました。

施設を出て社会で生活することを選んだ利用者さんも出てきました。当時の社会状況のなかでは困難も予想され、気がかりでしたが、彼らの決意は固く、ある女性は結婚して一児の母となり、ある男性は障害者の作業施設で責任者として働きました。またある男性は結婚し、大学の通信教育を受け、プロテスタントの教会で働き、ある男性は政治活動に入りました。この人たちは全介助を必要とする最重度障害者です。学生ボランティアが支援し、職員も応援しました。

サービスの質の向上に向けた試行錯誤

――キリスト教系の施設では、礼拝や、信仰にこだわった運営をされているところもあり、信者でない人はなかなか居づらいという場面はなかったのでしょうか。

徳川　その点は、私がいちばん注意したところです。私は、福祉はすべての人のためのものであり、信教の自由を守ることが大切だと確信していました。確かに、こひつじの苑の設立運動をはじめたのはカトリック系の障害者団体子羊会であり、当初、彼らは信仰に基づいた愛のホームをめざしていました。しかし、最重度障害者のための施設の設立をめざした時、私は、特定の宗教に関わらない公的な施設とすることを表明しました。これは、先ほどもお話ししたように、教会が運営する社会福祉法人カリタス会を出て、地域に根ざした社会福祉法人京都太陽の園を設立した理由でもあります。

平成に入り、社会福祉関係三審議会が「今後の社会福祉のあり方」を意見具申したことで福祉改革が始まりました。そして、生活の質の向上、社会参加、在宅福祉サービスが重視されてきました。これに対応し、私たちは、サービスの質の向上をめざし、福祉ＱＣサークルを立ち上げました。ＱＣとはクオリティ・コントロールの略で、利用者に喜んでもらえるサービスを提供するための品質管理をめざします。施設長はじめ、全職域の全職員が支援の手法を学び、サービスの質の向上に努めました。日科技連（日本科学技術連盟）のＱＣ専門者を招いて指導を受け、通信教育によってＱＣ手法を勉強し、実践しました。

この取り組みによって、サービスのばらつきをなくし、効率化を図るようになり、サービスの質を高め、明るい施設づくりを進めることができました。さらに、ＱＣを取り入れたほかの施設との連携も強めることができました。

在宅福祉サービスについては、グループホーム、生活支援センター、地域交流センターを開設し、デイケアサービス、ヘルパー事業、相談事業を京都府の中部と北部に開設し、地域福祉を進めました。特徴的な事業のひとつに、園部町にある二百三十年前に建てられた古民家を借りた交流センター園部まごころステーション（通称・陽だまり）があります。このセンターは、明治二十二年から二十三年にかけて日本の社会福祉の先駆者である留岡幸助が宿泊し、集会を開いた野村旅館合羽屋の向かいという由緒ある場所にあります。陽だまりでは、障害者の作業場や障害者が経営する食堂を開業し、障害者や地域住民の交流、若い母親の集い、ピアノ演奏会、町のクリスマス会などを行いました。お年寄りが集まってお茶を飲みながら話し合う場ともなりました。地域の住民、行政や大学の職員、福祉職員などが語り合うワークショップ「菩提樹の集い」を行い、障害のある日本画家の原田泰治画伯による絵画展も開きました。

障害者の社会参加を地球規模に広める機会にも恵まれました。こひつじの苑舞鶴の利用者さんが、遠く南極へ夢を届けたのです。平成三年、施設の主治医であった池川雅哉先生が南極探検隊の医師として出発することになった時、利用者さんたちはお金を出し合って大きな鯉のぼりを購入し、池川先生に託しました。そして、人類史上初めて南極の地に鯉のぼりを掲げる快挙を成し遂げたのです。雪原にはためく色鮮やかな鯉のぼりを見て、外国の探検隊員も感動したそうです。帰国後、先生から南極のお話を聞き、はためく鯉のぼりの動画を見てみな大喜びしました。今も、この鯉のぼりは、施設で大切に保存されています。

しかし、施設運営の歩みは、常に順風満帆であったわけではありません。それは、半世紀にわたる試行錯誤の連続であり、やり残したことも多くありました。そのいくつかの例を挙げます。こひつじの苑が開設された二年後に労使の問題が起こり、組合との団体交渉が二か月も続き、利用者さんに大きな不安を与えました。職員による虐待や利用者の自殺未遂事件があり、職員寮の火災も発生しました。大きな悲劇もありました。正月帰省の途中、二人の利用者の息子をのせた父親の車が事故にあい、三人とも即死したことや、夜勤明けの寮母が車で帰る時、事故で亡くなったことなどは、とても辛い事件でした。

また、事業を拡張するにつれ、職員教育が不十分になり、理念の浸透が薄まっていったこと、福祉の中立性をめざしながら権力の影響を受けたこと、優れた福祉の理想と専門性を備えた後継者養成が十分でなかったことなど、多くの課題を残したまま、生涯をかけた事業から去らねばならなかったことは断腸の思いでした。先人や協力者の期待に十分応えられず、今でも申し訳なく思っています。

世界規模での革新が加速していく

——徳川先生が歩んでこられた昭和から平成、そして今の令和の時代に至る時代はわが国にとっては本当に大きな変化、激動の時代だったのではないかと思います。これまで「こひつじの苑」の実践を中心にお話をいただきましたが、福祉の変遷という切り口に拡げてお話をいただければと思います。

徳川　戦後の福祉は、昭和の発展の時代、平成の改革の時代、令和の革新の時代に分けることができると思います。昭和では、戦後に制定された日本国憲法により基本的人権が保障され、続いて世界人権宣言により人間尊重と同胞精神がうたわれ、これにより福祉は大

き く発展しました。平成では、国際障害者年と国連・障害者の十年の「完全参加と平等」の理念により、福祉の社会化をめざした改革が進められました。令和に入り、少子高齢化と人口減少が深刻な問題となり、これに対応する新しい社会をつくる革新の時代となりました。

このように、八十年足らずの間に福祉が大きく変貌したことに驚きます。

今後、福祉事業はさらに革新を加速させることと予想されます。歯止めの利かない少子高齢化と人口縮小により、社会を支える現役世代が減り、経済の成長率が低下し、国家が縮小するというかつて経験したことのない困難な時代が迫っているからです。この危機を克服するため、国と国民が連帯する地域共生社会を創造する革新が進められています。しかし、この革新は、単に少子高齢化と人口縮小に対する対応だけではなく、二〇〇〇年頃にヨーロッパで起こり、世界に広まったソーシャル・イノベーション（社会的革新）の一環と考えるべきだと思います。ソーシャル・イノベーションとは、「社会のさまざまな問題や課題に対して、より善い社会の実現をめざし、人びとが知識や知恵を出し合い、新たな方法で社会の仕組みを刷新していくこと」（野中郁次郎・廣瀬文乃・平田透著『実践ソーシャルイノイベーション』千倉書房）といわれます。日本における新しい社会づくりは、この世界的な革新のなかで進めていくべきでしょう。

厳しい状況にあって新しい社会をつくる

——さらに福祉の世界から離れて、時代の流れについて質問させていただければと思います。

一九八九年にベルリンの壁が崩壊し、翌年東西ドイツが再統一、一九九一年にはソビエト連邦が解体され、東西冷戦構造が崩れて三十年が経った今、私たちが目にしているのは、ロシアのウクライナ侵攻という現実です。

戦後の世界の枠組みや秩序が大きく崩れ、先行きの不透明感や不安感を多くの方が持っているのではないかと感じていますが、戦中戦後の激動期を歩んでこられた徳川先生が、今お感じのことをお話いただけますでしょうか。

徳川　ウクライナ侵攻を始め、大国の覇権主義や、核の脅威など、世界は再び混迷し始めています。この現状にいかに対応すべきか。世界人権宣言の「人間尊重と同胞精神」を理念とする福祉人として、人権擁護の立場から毅然とした態度をもって臨むべきだと思っています。

そのため、二〇二二年の夏に亡くなったロシアの元大統領、ミハイル・ゴルバチョフの生涯から学ぶことが多いと思います。彼は私と同年で、私より十一日あとに生まれました。洗礼名も同じであり、その生き方に共鳴する点が多く、以前から、私は彼に親近感を持っていました。ゴルバチョフが、国内で激しい反対や批判を受けながらも、ロシアを専制主義国家から民主主義国家へ移行させ、冷戦を終わらせ、欧米との関係改善と核軍縮を実現し、東西の鉄の壁をなくした偉業は高く評価されます。

では、彼がこの偉業をなしえた要因は何だったのでしょう。この問いかけは、同じ革新の時代を生きる私たちにとって非常に重要であると思います。

私は、その要因のひとつは、彼がクール・ジェネレーションの人であったことだと思っています。ここでいうクール・ジェネレーションとは、一九三〇年代に生まれ、戦争から平和へと激変する時代のなかで育った世代の人をさしています。この世代の人は、争いと共存、強権と自由、全体主義と民主主義という真逆の価値観のなかで生まれ育ちました。そのため、特定の価値観に固執したり、特定の主張に熱狂したりせず、常に冷めた目で物事を見つめ、冷めた心で行動する冷めた世代なのです。一九三一年に生まれたゴルバチョフは、一九三六年のスターリンの粛清強化、一九三九年の第二次世界大戦の勃発、一九四二年のスターリングラードの戦い、そして一九四五年の世界大戦の終結へと激動する社会のなかで生まれ育ちました。同年齢の私も、満州事変が起こった昭和六年に生まれ、日中戦争と太平洋戦争の動乱の中で育ち、十四歳で終戦を迎えました。そして、軍国主義が崩れ去り、民主主義に移り変わる社会を体験してきました。一億総動員の全体主義教育が一日にして崩れ去り、個人を重んじる自由主義教育へと社会の価値観が転換した時、私たちは何も信じることができなくなりました。

このような体験から、私たちは特定の主義主張に与することができず、冷徹に物事に対応する冷めた心を持つようになったのです。これが、クール・ジェネレーションが持つ特質なのです。

古い体制に閉じこもる人たちから反対を受けながらも、世界の情勢を冷静に見つめ、ソ連を民主主義に移行し、新しいヨーロッパを再構築したゴルバチョフの力も、このクール・ジェネレーションの特質にあったと言えましょう。

今、私たちは、大きく変動する時代を迎えており、戦後長く続いた平穏な生活に安住し続けることは、もはやできなくなっています。今後、少子高齢化、人口減少、国力縮小という厳しい社会変動に対応するためには、閉塞状態を打ち破り、冷めた目で現実を見つめ、冷めた心で改革を実践していくことが求められているのです。特定の価値観に閉じこもらず、広く現実の社会を見つめ、多様な考えを認め、受け入れ、新しい価値を持つ社会をつくる心が求められるのです。

これについて、早稲田大学の浅川基男名誉教授は、「既成の樽に入り込み、閉塞感にこもっていることは、現代日本の根幹に関わる大きな問題である」と警告しています。時宜にかなった的確な言葉であると思います。

これからの若い人たちに伝えたいこと

「理念の堅持と勇気ある行動」「冷静さと調和の精神」「新思考と進取の精神」を大切にする

――ゴルバチョフと徳川先生の共通点や、クール・ジェネレーションいう話は初めてお伺いしました。大変印象的なお話と感じました。

これからの若い人たちに伝えたいことをメッセージとしてお話いただけますでしょうか。

徳川　明日の世界を担う若い方たちが、次の三つの精神を大切にして進んでいかれることを願っています。

一つめは、理念の堅持と勇気ある行動です。神学者であり文明批評家であるラインホルド・ニーバーは、「神よ、変えることのできるものについては、それを変えるだけの勇気をわれらに与え給え。変えることのできないものについては、それを受け入れるだけの冷静さを与え給え。そして、変えることのできるものと、変えることのできないものを見分ける知恵を与え給え」と述べました。

これを私たちに当てはめると、変えることのできないものは「人間尊重と同胞精神」の理念であり、変えることのできるものは「苦しい立場にある人のニーズを満たす実践」と言えましょう。この理念と実践を明確に見分け、理念を堅持し、勇気を持って社会改革を実践していくことを願っています。

二つめは、冷静さと調和の精神です。これは、ゴルバチョフが強調した「寛容と協調の精神」です。彼はノーベル平和賞の受賞演説で、「平和は、類似性の調和ではなく、多様性の調和である」と述べました。多様性を認め、共有するところに進歩があります。同じ考えだけで固まらず、多様な考えを認め、受け入れ、協働することを願っています。

三つめは、新思考と進取の精神です。ゴルバチョフは、鉄の壁をなくし、冷戦の終結や核軍縮を実現し、新しい秩序によってヨーロッパを再編するために新思考外交を実践しました。現在、私たちにも、新しい価値観に基づく地域共生社会を創造することが求められています。その実現のために、新思考と進取の精神を持って進んでいくことを願っています。

この三つの精神を持って、若い皆さんが自己改革に努め、高い理想をめざし、新しい社会を創造し、これを牽引する優れたリーダーとなることを期待しています。

高齢化社会に死生論を学ぶ意義

徳川　最近では、障害者施設の利用者の高齢化が進んできました。こひつじの苑でも、昭和四十七年に開設された当時は六十五歳以上の高齢者は一割たらずでしたが、今は六割になり、高齢者施設化しています。

――職員も含めて確実に高齢化しています。

徳川　以前は利用者さんも職員も若かったので、皆で議論し、考え、時にはぶつかり合いながらも、楽しくやっていました。今は、利用者さんも職員も高齢化し、かつてのような活気は見られなくなりました。しかし、それは後戻りできない現実であり、以前と同じように取り組むことはできません。以前と違い、高齢者にふさわしい支援がより必要になっています。ニーバーが述べた、勇気ある改革が求められています。

高齢者の支援に大切なことは、尊厳ある接遇と、尊厳ある看取りだと思います。尊厳ある接遇については、加齢に伴う心身の衰えを理解し、何を求めているかを知り、家族など愛する人との絆を大切にし、残り少ない日々を安らかに生きられるようにすることです。

高齢者は、ただ世話されて生きることを辛く思っています。人生の先輩として認められ、必要な存在としての誇りをもって生きたいと願っていることを理解し、役立つ機会を持てるようにすることが大切です。

また、孤独ほど苦しいことはないことを理解し、愛の絆を大切にし、愛し愛される存在となれるようにすることが大切です。単に歌ったり、ゲームをしたり、会食するだけでなく、愛する人を思い、自分を見つめ、人生を深めることができる静かな環境を準備することも必要でしょう。前にお話ししたニューヨーク大学の附属病院では、祈りの部屋があります。宗旨や宗教のあるなしに関わらず、誰でも利用できる場所です。

看取りについては、安らかな死を迎えられるためにターミナルケアの質を高め、最期の瞬間まで充実した人生を送り、人間としての尊厳を持って最期を迎えられるようにすることが大切です。また、遺された人たちの悲しみに対するグリーフケア（悲嘆を支えるケア）も大切となります。

そのために、死生論を学ぶべきでしょう。最近、「死生学」の研究で有名な哲学者、アルフォンス・デーケン教授の著書『死とどう向き合うか』（ＮＨＫ出版）を読みました。その中で、ドイツ語の「死」は、動物と人間で使い分けられていることが指摘されていました。動物の死はフェアエンデンといい、肉体的な衰弱のうちに死に至るのであり、人間の死はシュテルベンといい、肉体は同じように衰弱していっても、精神的・人格的には成長を続けて尊厳に満ちた死を迎えることが可能である、と述べられていました。また、聖路加国際病院の名誉院長として百五歳で亡くなるまで患者を見守った日野原重明先生は、あと一日二日で亡くなる患者と対面し、一緒に死ぬ思いで優しく語らい、時間を共有します。時間を共有することは、命を共有することです、と語りました。人間の死の尊さと、死を迎える人と共にあることの大切さを教えています。心にとどめたい言葉です。

最期の瞬間まで人間としての尊厳を守ることは、福祉にとっての大切な役割であると思います。福祉にたずさわる者として、看取りについて正しく学び、心がけておくことは大切です。

――徳川先生は洗礼も受けられて、ずっと宗教の道を歩んでこられたなかで、死生論について何か変わったことがありますか。

徳川　宗教は心の中にあり、どのような状況においても、神の愛にすべてをゆだねることが信仰であり、そこに安らぎがあると思っています。生と死についても、人間の尊さとはかなさを認め、限りある自分を永遠の神にゆだねることが大切であると思っています。

今年の夏、京都コンサートホールでブラームスのドイツレクイエムを聴きました。死者の魂の安らぎを祈るキリスト教の典礼音楽です。京都市交響楽団と合唱団が演じた壮大で厳かな調べに感動し、慰められました。そして、ブラームスが宗教の垣根を越えて全ての人に暖かい眼差しを注いで作曲したことを知り、宗教の違いを超え、すべての人間の尊厳ある生と死を願うことの大切さを改めて確信しました。

私も九十歳を越え、死を身近に感じ、心が揺らぎます。死生論を頭で考えても、悟るなど程遠い状態ですが、死生論の基本は、母親に抱かれた幼子のようになることではないかと思っています。

――大変興味深いお話は尽きませんが、ここでインタビューを終わりにしたいと思います。

徳川先生、本当にありがとうございました。

（令和四年五月・同年十月　社会福祉法人小鳩会〔滋賀県大津市〕にて収録）

第3章

対談

時代の転換に立ち、理想を問い続ける

徳川輝尚氏　　白江　浩氏

著者が二十三年間会長を務めた全国身体障害者施設協議会の現会長である白江浩氏（宮城県・社会福祉法人ありのまま舎理事長）との新旧会長による対談を収録しました。

制度・施設の創設期から全国組織結成に向けた取り組みをはじめ、療護施設の理念や制度の変遷に対応した活動を振り返り、ケアの真髄とその実現に向けてめざすべき姿などを語り合いました。

家族の負担の重さ

白江　本日は、徳川先生のお話をじっくり伺える機会をいただきましたことを、まずは心から感謝申しあげます。いつかはこんな時間が取れたらなと思っていました。

まず、全国身体障害者施設協議会（以下、身障協）ができる前からの話をお聞きしたいと思います。先生がなぜ、最重度の方たちのための施設が必要だとお考えになり、設立、制度化のための運動をされてきたのか。そのあたりをまずお聞かせいただきますでしょうか。

徳川　古い話になりますが、昭和二十四年に身体障害者福祉法が制定されました。しかし、その目的は更生援護であり、更生が難しい障害者は、この法律の対象から外されていました。そのため、最重度障害者は更生施設に入れず、国の保障もなく、家族の介護に依存しなければならない状況でした。それは、家族にとって大きな経済的・人的負担となり、生活環境も劣悪化していきました。特に、年老いた親が介護する場合は、負担が非常に重かったのです。

深刻な問題は、「親亡き後の不安」でした。それに加えて、当時は社会の障害に対する理解が乏しく、偏見と差別が強かったため、障害者をかかえた家族は社会から孤立し、非常に苦しい生活を送っていました。

このような状況の中で私は福祉活動を始めました。ちょうど三十歳を過ぎたころ、京都で障害者のボランティア活動に参加しました。私が接した人の中には、小学生の時にリウマチにかかった女性がいました。小学校四年生のときから完全に寝たきりで、両親が仕事に行っている昼間は、一人きりで、寝返りもできませんでした。そのため血の巡りが悪くなり、手の指先すべてが壊死してしまいました。

それを見た親が、たまたま近くでハンセン病が発生していたので、娘もハンセン病だと思い込み、それを隠すために部屋に閉じ込めてしまいました。二十年の間、彼女はお日様も見たこともなく、外の空気も吸ったこともない生活を強いられていました。

当時、障害のある子どもとその家族をめぐっては、将来を悲観した親が子どもを殺したり、親子が無理心中する痛ましい事件が新聞で報じられていました。

読売新聞が、昭和三十七（一九六二）年から昭和四十二（一九六七）年の五年間に起きた子殺しと親子心中を調査しています。それによると、親が障害のある子どもを殺した事件が三十六件（未遂一件を含む）、親子心中が十六件、合わせて五十二件の悲劇が起きていました。

制度化に向けた運動

徳川　私が支援をしていた京都の「子羊会」は、リウマチで寝たきりの女性が、電話一本で多くの障害者に連絡を取って作った障害者団体です。その団体が中心となって、障害者が安心して生活できる施設（当時は「愛のホーム」と呼んでいました）をつくる運動を始めたのが昭和三十三（一九五八）年です。やがてこの運動は、寝たきりで、常時他者の介護がなければ生きられない最重度障害者のための施設づくりの運動に発展していきました。

設立運動は本当に凄まじいものでした。学生たちも一般の社会人も大勢集まり、協力を願う手紙を出したり、街頭募金をしたり、物売りもしました。和歌山から安いみかんを仕入れてきて京都市内を売り歩いたり、北海道の昆布を売ったりしました。そうしながら、厚生省（現　厚生労働省）に、療護施設の設置を求め、要望運動を行いました。

白江　お話しを聴いておりますと、一人一人の力が集まって、大きな力になっていったのだと感じます。私自身もかつて、座敷牢と言われた、障害のある人を家に閉じ込めたままにしておく状況や、子殺しの問題に関わっていました。

そのなかで、「家族のために施設はある」みたいに言われたりもしましたが、でも一方で、ご本人の命を守ったり、ご本人の自己実現、今で言う人権擁護にもつながるきっかけにもなることもありました。

ですので、これまでにない新たな施設を、との意味合いはすごく重いなと思いました。ただ単に家族を救うためではない。ご本人のための施設なんだと。

施設の制度化につながる大きなきっかけがあったのでしょうか。

徳川 当時、西村英一厚生大臣は、救護施設東京久留米園を視察し、利用者の高齢化と障害の重度化で運営を続けていけない状況に接し、「身体障害者福祉法の改正を行い、リハビリテーションの見込みがないとされる重度者も、身障福祉法の対象にできるようにする」と発言しました。

そして、昭和四十五（一九七〇）年に、厚生省の身体障害者福祉審議会が「身体障害者福祉施策の推進に関する答申」を出し、「リハビリテーションの余地が少なく自力で日常生活の維持が困難で、常時介護、または医学的管理を必要とする寝たきりの重度障害者を収容し、必要な医療及び保護を行なう重度身体障害者療護施設を新設すること」を要請しました。

この答申を受け、昭和四十六年に、「社会福祉施設緊急整備五カ年計画」が策定され、療護施設の設置が最重点のひとつとなりました。そして、翌昭和四十七年に制度が改正され、身体障害者療護施設が制度化されたのです。

白江　先生たちの活動やその声が、国に届いたのですね。

徳川　各地から療護施設の設置を求める意見が出ましたが、国への要望の最初は、私たち京都の団体の声だったと言われています。

白江　十年以上かけてようやく実現したのですね。

徳川　本当に、京都でのボランティア活動はすごい熱気でした。各地に支援を求める手紙を送るため、みんなで夜遅くまで宛名書きをし、学生たちは毎晩のように街頭募金に立ちました。物売り、古紙回収、バザー、チャリティーショーも行いました。

ゼロからのスタート

白江　そうやって今の我々の礎ともいうべき施設がつくられたのですね。第一号として「こひつじの苑」が作られたのでしょうか。

徳川　療護施設は昭和四十七年七月に法制化されましたが、こひつじの苑は同年五月に開設されました。ですから第一号といえるでしょう。この年には他にも七つの施設が開設されました。北海道に一つ、東京に一つ、他の五つは西日本に開設されました。

白江　療護施設自体が新しいタイプの施設ですので、どのように運営されていくのか、介助ひとつにしても、ゼロからのスタートだったと思います。その辺りのご苦労はいかがでしたか。

徳川　施設を立ち上げたけれど、ケアの計画や技術が不十分で手さぐり状態でした。けれどそれだけに職員は問題意識をもち、上から言われたからやるのではなく、職員自身が考えて実践しました。

白江　どういった方が入所されてきたのでしょうか。また、入所定員は何人ぐらいだったのでしょうか。

徳川　こひつじの苑の入所者は全介助を必要とする人ばかりで、定員は五十人でした。ある入所者は脳性麻痺で知的障害があり、全身が硬直していました。入所したとき年老いた母親の喜びと安堵は大きいものでした。「私は何度この息子を抱いて谷川へ飛び込もうと思ったかわかりませんでした。おかげさまで救われました」と言っていました。そのような方たちが多く入所しました。

先ほどもお話ししたリウマチで二十年間家に閉じこもっていた女性も入所しました。そして施設の窓から外を眺め、「雲が流れている！　白い雲が流れている！」と喜びの声を上げました。感動するようなことがたくさんありました。

白江　入所者の出身地域は近畿エリアが多かったのでしょうか。

徳川　まだ開設した当時は施設が少なかったので、東北や沖縄からも入所しました。その後、各地に施設が開設され、入所者は京都府の人になっていきました。

白江　職員の方は、定員五十人に対して何人ぐらいいらしたのでしょうか。

徳川　当初、国の基準では、入所者三名に一人の職員が配置されましたが、勤務シフトや休みを考えると、一人で五、六人を介助するてんてこ舞いの状況でした。人手が足りませんから、施設長の私も食事介助や夜勤に入りました。

他の施設でも同じ苦労があり、施設長さんたちが集まり、対策を話し合いました。これが、西日本地区身体障害者療護施設運営協議会へと発展していきました。身障協の前身です。運営に苦労した施設長さんたちの願いが実を結んだのだと思います。

白江　職員配置基準も手探りの時代だったのでしょうね。

徳川　施設長が集まって施設の実態を調査し、国に示して、職員配置を改善するよう国に要望していく。それが西日本協議会の大きな仕事でした。

また、こひつじの苑では人手を補うため、省力化のために機器を入れることを進めました。当時では珍しかった電動ベッド、寝たままの姿勢で入れる特殊浴槽、リフトなどを導入しました。また、当時はリフト付バスもありませんでしたから、自動車の整備工場と一緒になって製作しました。

白江　当時、職員はスムーズに集まったのでしょうか。

徳川　とても難しかったです。当時は、福祉は低い仕事と思われていたからでしょう。しかし福祉の問題に真摯に向き合う学生が多かったです。学生運動の直後でもあり、非常にシビアな考えを持った大学の卒業生が集まり、一緒に協力してくれました。そして近隣の女性たちも集まってくれました、

全国組織の設立と会長就任

白江　先ほどもあった、協議会を作ろうとなった経過について、もう少しお聞かせください。

徳川　協議会の成り立ちは、施設長が集まり、情報を交換し、問題の解決を話し合うことから始まりました。

当初は、ほとんど西日本の施設ばかりでしたので、名前も西日本地区とつけたのですが、次第に東日本の施設も増えてきました。

そして全国規模に拡大しようという機運がおこり、全国身体障害者療護施設協議会（以下、全療協）へと発展しました。皆さんはとても積極的でした。

特に事前に調整する方もいらっしゃり、各地を飛び回って、まとめて下さいました。中でも力になったのは、岡山県の旭川荘で、後に施設長になられた川合義夫さんです。よく勉強され、資料を集め、我々をまとめてくださいました。

白江　みなさんが集まられたときの一番大きなテーマは何だったのでしょうか。

徳川　まずは人手集めであり、そして介護の充実と向上でした。

白江　徳川先生は、昭和五十一（一九七六）年に全療協が結成されてから長く会長を務めてこられましたが、初代会長になられた経緯についてお伺いします。

徳川　全国協議会をつくるときの取り決めでは、総会開催地の理事が会長をすることになっていました。

第一回総会の開催地が京都でしたから、私が会長に指名されました。その後は当時六つあったブロックが持ち回りで、総会と研究大会を開催して会長が交代しました。第七回大会が京都で開催されたときに、再び私が会長になりました。そのときに、会長が毎年変わるようでは国との折衝がうまくできないということになり、開催地の理事が会長となるルールをやめることとなり、引き続いて私が会長に指名されました。そして、平成十六年に会長職を退くまでの二十三年間務めることになりました。一人があまり長い間、会長を続けているのは組織にとって良いことではないと考えて退きました。

療護福祉の理念

白江　会長在任中に、何を大事にして取り組んでこられたのかを教えていただけますでしょうか。

徳川　もちろん国への予算要求は大事な取り組みですが、それは施設を守る手段にすぎません。目的はいかに利用者に向かい合うかだと思っていました。

私が求めていたのは、昭和二十三（一九四八）年に国連総会で採択された世界人権宣言の精神を大事にすることでした。それは「人間の尊重」と「社会連帯性」であり、これを軸にして全療協は進んできました。

この精神から出てきたのが、療護施設の使命である「最後の一人の尊重」です。それは、「可能性の限りない追求」と、「共に生きる社会をつくる」ことへと発展していきます。会長就任時からの考えでした。

私は、それは京都でのボランティア体験が大きく影響していると思っています。ボランティア活動をしているときは、助けてあげるのではなく、障害のある人と一緒に生き、高まろうという意気込みでやっていました。そうした体験が協議会の活動にあらわれてきたと思っています。

白江　先生のこれまでの活動とその思いがよくわかりました。

徳川　「可能性の限りない追求」を確認したのは、療護施設ができる前の昭和四十六年に海外視察をしたときでした。

ニューヨークでは、国際障害者リハビリテーション協会会長のハワード・ラスク先生に学びました。先生の事務所でいろいろとお話を聴くというとても貴重な体験でした。そのとき先生は、障害者を人間として大事にしていくことや、リハビリテーションをすることは、その人の可能性を引き出すことであり、それが人間の尊重であると話されました。そして、「リハビリテーションを信じることは、人間らしさを信じることです」とおっしゃいました。この言葉は、深く私の心に残っています。

ラスク先生の紹介で、ニューヨーク大学附属病院のリハビリテーション部長をしていらっしゃる伊藤正義先生にもお会いしてお話を聴きました。伊藤先生はご自分の体験談を話され、「目的のない生活は死ぬことよりも苦しいことです」と教えて下さいました。ラスク先生と伊藤先生の話から、持てる力をできるだけ高め、生きがいを求めていくことが療護施設で最も大事だと職員にも話してきました。

白江　私は、自己実現という言葉はよく使いますが、今、徳川先生がおっしゃったことは、上田敏先生がリハビリテーションについて「全人間的復権」とおっしゃったことと重ね合わせて聴いておりました。まさにそれが理念の原点でもあったのですね。

国際障害者年をめぐって

白江　今の話とも多分つながってくると思うのですが、全療協結成の前年、一九七五年に国連で「障害者の権利宣言」が採択され、そこから一九八一年の国際障害者年に向けて、より具体化していく国際的な動きがあったと思います。全療協では当時、そうした動きやうねりに対してどのような対応をされていたでしょうか。

徳川　当時、全療協としては、国際障害者年の流れを重視していましたが、具体的な活動はしていなかったと思います。当時は、組織を固め、運営の充実を図ることが求められていたからです。国際障害者年のスローガンであった「完全参加と平等」は、全療協にしてみると当たり前のことだと思っていました。社会参加の具体的な取り組みは、各施設が地域に即した事業として行っていたと思います。こひつじの苑でも、町民集会で障害者が体験発表をしたり、車椅子パレードも行いました。

白江　当時私もいろんな活動に参加させていただいて、国際障害者年は、先ほど先生がおっしゃった理念を、言葉や表現を変えて言っている。別の言い方をすると、全療協に世の中がちょっと追いついてきたような感じを受けました。

徳川　そうですね。私もそんなに真新しいこととは受け取っていませんでした。けれども、世界がそういうふうになったのは素晴らしいことだし、それに向けて、障害のある人たちも職員たちも勉強してきたと思います。

白江　全療協として国際障害者に具体的に何かコミットしたことはないけれども、理念としては共有できるところが、それはもうまったく同じことだなと受け止められたということですね。

徳川　はい。むしろそれが我々の目的であり、それを社会が共有するようになって嬉しかったです。

しかし、国際障害者年を機に反省もしています。現場に立ち、優れた理念と理論に支えられ、重度障害者福祉の先頭に立って進んできた身障協ですが、組織化されるにしたがって現場意識が薄らいできたのではないでしょうか。今後、新しい共生社会改革のリーダーシップをとるためには、世界の動向に謙虚に学び、現場主義に徹することが求められると思っています。

人材育成に尽力

白江　全国的な協議会組織や業界団体は、どちらかといえば、法制度や予算の話が中心になりがちです。徳川先生が先ほど、最初は介護の仕方が分からないというところから始まり、皆さんが喧々諤々やられてこられた。その理念をどう体現していくか、実現していくかに常に腐心されていて、人材育成、人材養成に力を注がれてこられたことを感じました。それがひとつの表れとして、「療護施設職員ハンドブック」（昭和六十一年）を作られたのだと思います。

徳川　ハンドブックは、まさに理念と技術の書です。介護の心構えやあり方、生活支援について学ぶための本でしたから、これは本当に良かったと思います。

白江　その他にも、主任寮母研修会をはじめ職員の研修養成に大変尽力されてきたと思います。人をまずつくる。誰のための施設なのか、誰のための団体なのかにこだわってこられた。そういう思いがあって研修や研究ができたのだと私は思っています。

徳川　繰り返しになりますが、予算要求も大事ですが、これは手段であって目的ではありません。療護施設の目的は、一人一人の利用者が人間として幸せになってくれることであると思います。それは、先ほどもお話ししたように、子羊会の障害者たちと一緒に歩んだ経験によると思います。さらに、私自身が脳性麻痺になる可能性を持っていました。私は、生まれたとき、まったく無呼吸でした。そのままだったら死んでいたかもしれないし、助かっても脳性麻痺になるだろうと聞かされ、障害は他人事ではないという思いがありました。ですから、障害のある人のことを対象として見るのではなくて、自分のことだと思っています。

私の福祉活動を支え導いたもう一つは母親の教えです。「すべての人を受け入れなさい。大海原のようになりなさい。海は綺麗な水も濁った水も全てを受け入れます。あなたもそういう人になりなさい」と教えられました。また、「上から下に向って『登ってきなさい』と言うのではなく、あなたが下まで降りていかなければなりません。そしてその人と手を繋いで、高みに上がっていく心がなかったら人の役には立てません」と教えられました。

これが私の人生を導き支えました。それが福祉の道へとつながっていきました。ですから、施設を運営するという気持ちは少なかったと思います。
むしろ障害者と一緒に生きようという気持ちの方が強かったと思います。

白江　全療協では質の向上という言い方をしておりますけれども、昭和五十年代から職員の養成、人材をつくることと併せて、「施設の機能・制度のあり方基本問題検討」もかなり重視されて、取り組まれてきたと思います。そのあたりのところを詳しく教えていただけますか。

徳川　昭和五十八（一九八三）年から「国連・障害者の十年」が始まり、障害者が安心して暮らせる地域社会が求められてきました。これに対応して私たちは、生活の質を高め、地域福祉の拠点としての施設をつくるため、平成三年に「療護施設の機能・制度のあり方等基本問題検討委員会」を発足させ、放送大学の三ツ木任一教授の指導の下で、施設長が検討を重ねました。平成五年度に第一次報告書を発行し、平成六年度には第二次検討委員会を開始し、より身近な問題について検討するため、各ブロックから職員一名ずつを選び、「生活向上のための施設サービス検討委員会」が発足しました。
こうして、二十一世紀の新しい療護施設のあり方を展望して進むこととなりました。これは、常任協議員会と会員の皆さんから自然に始まった流れであると思います。

白江　それもおそらく、徳川先生の理念や、それまで全療協が培ってきたいろんな取り組みが根底にあって、皆さんの中に浸透したのではではないかなと、今のお話を聞いて感じました。

「療護施設の機能・制度のあり方等基本問題検討会」の第一次報告を読ませていただいて、正直私は良い意味でのショックでした。こういう取り組みをこの組織はやってきたのかと。その後、第二次報告もつくられ、施設の機能や質にこだわられてきたのは、先ほどのその理念から発してると思います。

措置から契約へ

白江　全療協は、昭和六十一（一九八六）年に全社協の一組織として加入し身障協へ組織名も変わります。平成に入り、社会福祉基礎構造改革があり、施設利用がそれまでの措置から契約へ移るなかで、徳川先生も当時、いろいろな審議会に思いを込めながら参加されていらしたと思います。多分その時は、かなりの葛藤もおありだったのではないかなとも思います。あの時代、どのような思いで過ごされ、今日に向かってこられたのでしょうか。

徳川　私は、措置から契約になったこと自体には反対ではありませんでした。「世話をされている立場」の人が「福祉を選んでいく立場」になったことは、自立にとって非常に重要なことであり、高く評価できるからです。

ただ問題なのは、お金を払ってサービスを買うという、単なる売買契約的になってしまうことです。「オムツ交換一回いくら」の世界になりかねません。これは福祉としては大問題です。

福祉サービスは、互いに心の通ったものでなければならないのに、いくら払ったらしてあげる、払わなかったらしません、という関係になりかねません。お金だけにすべてが向かっていくことに、非常に危機を感じておりました。

また、支援費制度に入る前、療護施設関係の予算が大幅に減額されたことを覚えてらっしゃることと思います。

白江　はい。

徳川　大変でしたね。療護施設関係だけで総額二十億円の予算がカットされようとしたのですから。会員の皆さんにお願いして全国的に陳情を行い、最終的には元に戻してもらいました。

白江　そのときに、予算の問題も大きかったと思うんですが、当時会長として、身障協の会員に対してどのようなメッセージを発信したり、舵取りを考えられたのでしょうか？

徳川　私自身は、支援費制度そのものには意義があると評価していました。ただそれを機に予算を減らしていくことは許せませんでした。これは施設の存亡ひいては利用者の命にかかわる問題であり、絶対に勝ち取らなければならないと、各会員が各地で陳情活動をしました。常任協議員は、厚生労働省と国会議員に訴え、その結果、二十億円の予算が復活しました。今でもあのときの皆さんのご努力には感謝しています。

白江　実は支援費制度導入のときに私は、身障協と厚生労働省とのやり取りの前面に立っておりました。今でも、後ろから叩かれながら前面と戦っていたのをよく覚えています。お金に関しては非常に厳しかったですね。でも一方で、先生が大事に育ててこられた質の問題については、議論して理解してもらえて加算がつくことが分かってきて、こういうやり方があるのだと理解できました。本当にあのときはみんなで頑張ったかなと思いました。

徳川 決して会長の私が引っ張ったのではなくて、みんながひとつになって頑張ったのだと思います。

白江 私は後ろで先生が支えてくださったのはよく覚えてます。

進歩が無ければ衰退するという危機感を

徳川 支援費制度の時に比べ、現在の福祉の転換はもっと大きいと思います。

白江 そうですね。施設はより根源的に問われているところがあります。

徳川 当初は、「施設ありき」の考えが中心でしたが、今は施設を含めた地域共生社会への改革の時代です。特に療護施設はこれから何をしていったらいいのだろうかと思います し、どういう形で存続させたらいいのかを考えなければいけないと思います。今までのような入所療護のあり方では、続けていけないのではないでしょうか。

かつて海外視察で訪れたロンドン郊外では、大規模な重度障害者施設が閉鎖され、近くの人口三万人くらいの町で、四〜五人ずつが普通の家で生活をしていました。オーストラリアのシドニーでは、重度障害者の大規模施設がなくなり、二〜三人の小さいケア付きグループホームで生活していました。アメリカでも同じでした。その勇気ある取り組みに驚いたものです。

白江　日本ではなかなか一気に考えにくいかなと思います。それは国民性もあるのではないでしょうか。

徳川　個人主義を守り、人権意識をしっかり持っている欧米と、人間関係の上に成り立つ日本では、だいぶ差がありますね。

白江　令和四（二〇二二）年九月に出された国連の障害者権利委員会からの総括所見・改

善勧告では「障害の人権モデル」という言葉も使われていて、障害者の権利条約が出た頃から言われたことではあるのですが、我々が気付いてないというか、身障協の中でもその話がなかなか浸透しないところに、私としては不安があります。

総括所見・改善勧告で触れられた「障害の人権モデル」は、脱施設とか地域移行、それから先ほど徳川先生がおっしゃったように、利用者・入居者の自己実現との関係性を考えると、全てがつながっているのだけれども、別物として考えてしまっていて、施設でうまくやっていればいいといった雰囲気があるのではないかという危機感を持っています。

徳川　その通りだと思います。人間尊重が目的であり、脱施設や地域移行などはそこに至る道程であり手段です。今、地域共生社会への改革のなかで、私たちは人間尊重の理念を再確認し、進んでいくべきでしょう。

日本の近代化に尽くし、全社協の前身である中央慈善協会の初代会長であった渋沢栄一も、「夢がなければ理想も信念もなく、計画も実行もなく、幸福はない」と述べています。

白江　そうですね。我々自身が人権意識をしっかりとこれから培っていかなければなりません。

徳川　繰り返しますが、施設をつくり、お金を集めることは手段であって、目的ではありません。福祉事業の目的は、障害のある人たちが人間としての尊厳を持って生きることであり、その目的を忘れて、手段である施設づくりだけに目を向けることになると、福祉事業そのものが存在価値を失ってしまいます。

白江　おっしゃるとおりです。加えて、施設職員に対し私が言うのは、地域移行は目的ではないんですね。脱施設も目的ではない。どうやって障害のある方たちが自己実現ができて幸せになっていけるか、それを考えていくなかで、施設はどうあるべきか。地域移行にはどういう意味があるのかを考えていかなければなりません。

徳川　施設は、どんどん変わっていきます。将来は、どうしても必要なものを除き、施設がなくても生きられる社会になると思いますが、それに向かって、一足飛びはできないから、一歩一歩進む努力が要るのであって後ずさりしてはいけないと思います。

しかし、後ずさりするか現状維持でストップしているケースが多いのではないでしょうか。変化を恐れたら進歩がないし、進歩がなかったら潰れるしかないと思います。

白江　まったく同感です。それをどう理解していただくかが、なかなかこれから大変なことです。

正義と愛が実践を支えている

白江　平成十五（二〇〇三）年度から支援費制度が導入され、個別援助計画やリスクマネジメントについての検討も身障協の中では進められてきました。倫理綱領もその過程で作られてきたと思います。

私はこの時期の大きな転換点にあって、基本的な理念も忘れず、身障協として軸がぶれずにやっていく姿勢があったことが、これらの取り組みから感じられます。今直面している大きな変革に際して、先生の思いをお聞きします。

徳川　平成九（一九九七）年に社会福祉基礎構造改革の議論が始まり、今、地域共生社会づくりが進んでいます。療護施設五十年の歴史の中間点で始まったこの変革は、身障協にとっての大転換です。これをどのように乗り切るか、私たちにとって最大の課題といえましょう。

これに対応するため、現代アメリカの世界的文明批評家、ラインホールド・ニーバーの教えに学びたいと思います。彼は、「ニーバーの祈り」の中で、「神よ、変えることのできるものについては、それを変えるだけの勇気をわれらに与え給え。変えることのできないものについては、それを受け入れるだけの冷静さを与え給え。そして、変えることのできるものと、変えることのできないものを見分ける知恵を与え給え」と述べ、理念の堅持と勇気ある改革を教えました。これは、私たちに歩むべき道を示し、自信と勇気を与えると思います。

白江　おっしゃる通りです。現場の職員も、脱施設とか地域移行という言葉が、先ほど述べた総括所見・改善勧告以降あるいはその前から出てきて、どこか肩身の狭い思いをしているように私は感じます。

徳川　職員が肩身の狭い思いをしてはいけないと思います。

アメリカの世界的に有名な哲学者ジョン・ロールズは、『正義論』の中で、「正義の核心のひとつは、最も不遇な立場にある人の利益の最大化を配慮することである」と言っています。ですから、障害があって困ってる方たちに手を差しのべる私たちの仕事は、社会正義の実践そのものなのです。現場の職員は、大きい誇りを持って働いていただきたいと思います。

白江　誇りを持ってほしいなと私も思います。一方、虐待の問題ひとつとっても、施設での虐待が多いという調査結果が出たりしています。加えて、脱施設や地域移行だと言われ、自分たちは何のために施設で働いているのかというところの自信や誇りを失ってしまいかねない状況が今もあります。それに対して、施設長が行動するだけではなく身障協としても何かメッセージを出していかないと、職員が燃え尽きてしまうだろうと感じるところがあります。

どうしたら皆に伝わっていくのだろうか、よく考え込んでいます。

互いに学び合う取り組み

徳川　職員が自信と誇りを持って働くためには、すでに実行しておられると思いますが、私の実践をご紹介します。私は京都府城陽市にある法人に頼まれ、平成二十八年にあるワークショップを始めました。

それは、単に講師の話を聞く研修会ではなく、みんなで考え、みんなで話し合う、新しい「学びと創造の場」です。私が行った方法は、施設の床に座布団を輪に並べ、理事長も事務長も施設長も職員も、みなが上下なしに座ります。そして、言いたいことを話し合うのです。

そこでのルールは、人が話してるときに遮らないこと、人の話を真剣に聴くことです。各自が自由に思いを話し、周りはそれを批判しないことです。

初めは言いたいことを何でも話しなさいと言われ、自分の職場の文句が多く出てきました。私はそれでいいと思って黙って聴いていました。けれども、何度かやってるうちに、一年ぐらいしたらすっかり変わりました。自分たちは今後どうしたらいいのだろうと話し合うようになってきました。

そして最後に、一人一人、自分のこれからの抱負を語って別れます。私自身が励まされる集まりでした。このように、聴くだけの研修ではなく、学び合う研修をやっていくと、取り組むべき課題と目的が明らかになり、それに対する創造的な姿勢が生まれてきます。

白江　ありがとうございます。

徳川　私はその会を、「菩提樹の集い」と名付けました。それは以前、デンマークに行ったとき、日欧文化交流学院の千葉忠夫院長にお会いしたのがきっかけです。千葉先生は、ノーマライゼーションの提唱者であるバンク－ミケルセンの愛弟子です。

庭先の大きな菩提樹の下で、爽やかな風に吹かれながら、千葉先生からお話を聴きました。菩提樹のまわりには、大きな平らな丸い石が十個ぐらい並んでいました。これは何ですかと尋ねたら、先生は、「昔、この石に農民たちが座って話し合いをしていました。よく見てください。対角線にある石は木の幹に隠れて見えなくなっています。それは対立を避けるためです。対立ではなく、話し合う場なのです」と言われました。

それで私は日本に帰って早速、「菩提樹の集い」という会をつくりました。施設の職員だけではなく、地域の住民も、大学の先生も、市役所の職員も集まってきて話し合いをしました。懐かしい思い出です。

白江　施設単位でもいいと思うのですけれども、地域として集まってもらって、施設のあり方みたいなテーマか何かを掲げるとかいろんな話をしてもいいですね。最初は不満から入っていって。

徳川　はじめは町の問題や施設とのかかわりなど、いろんな問題が出ると思います。それでいいのです。そこでいろいろな話をするうちにだんだんと理解し合い、学び合い、対立をなくしていくのです。対立をなくしていくことで町全体が高まっていくでしょう。

白江　ありがとうございます。先ほどのような状況に置かれている職員も結構多く、今先生から一つアドバイスをいただきましたけど、いろんな取り組みを、身障協としてもこれからチャレンジしていこうと思っています。

施設は必要か

白江　今はどうしても人が足りなくて、「忙しい忙しい」で終わらせたり、報酬改定が近づいてくるとそわそわしてしまう。向くべきところは、利用者のことやその関係性であったり、施設の質であるとのご指摘は私もまったく同感なのですけれども、なかなかそこに集中できない実感もあります。今の施設をご覧になられて、職員に対してメッセージをいただけますか。

徳川　福祉は、新しい時代に入りました。事業は施設中心から、地域共生社会へ向かっています。この激動の中で療護施設は今のままでいいのかといつも考えてきました。

施設長であったころの話ですが、私は夜遅く、仕事を終えてから家に帰る前に、よく施設の中を歩きました。そして、入所者たちの寝息やいびきが聞こえてきたとき、無性に悲しくなり、本当にこの人たちは幸せなのだろうかと思っていました。

望んだわけでもないのに、集団生活に入れられ、家族や愛する人から別れて、他人と生活している。施設生活で満足しているのだろうか、施設はこのままでいいのだろうかとずっと考えていました。

そこから出たのは、施設のない社会への思いでした。もちろん施設を運営する者の立場として、行くところのない人を受け入れ、援助する施設の必要性は否定しません。かつて私たちは、障害者解放闘争をめざす急進的な、脳性麻痺の当事者団体「青い芝の会」と施設運営について渡り合ったこともありました。施設解体論とも対峙しました。しかし双方が、障害者のためという共通の土台の上で、やがて理解し合い、歩み寄ってきたと感じています。

これは、ヘーゲルの弁証法による「正反合」の流れであり、これからの福祉施設に必要な考えであると思っています。ですから、職員は施設の中に閉じこもらず、外に目を向け、反対する考えを受け入れ、理解してほしいと思います。

そして、これから障害のある人もない人もみんなが共生できる社会づくりをめざし、何をなすべきかを考えてほしいと思ってます。それが新しい共生社会づくりのリーダーとしての使命ではないでしょうか。

白江　ありがとうございます。実は現在の身障協の中でも、脱施設については、国連からの総括所見が出て以降議論になり、これからしっかりしていていかなければならないと話をしています。

私は本気で施設は必要な部分もあると思っていまして、新しい概念の障害者支援施設をつくっていきたいと思っています。概念としても形としてもそれをめざしていきたいと考えています。

徳川　私も同感です。施設は社会の目的に合わせてつくられたものであり、社会のニーズに従って変わっていきます。入所施設では、生活支援、自立支援、生きがい対策、地域移行支援などを行っていますが、中心的な生活支援において、集団的で閉鎖的な問題が起こってきました。「施設はない方がいい」という考えも、その点にあると思います。

社会のニーズに合わせ、不適切なものと、必要なものを見分けることが大切です。そのことが分かれば、職員は誇りをもって積極的に努力していくことでしょう。新しい地域共生社会をめざし、広く社会に目を向け、共に進んでいってほしい。これが私のいちばんのメッセージです。

白江　ありがとうございます。それをどう形にするか、これからもご教授いただきたいと思います。

徳川　白江さんは、障害者支援施設のあり方を問い直すという、今まででいちばん大変な時代の会長になられたと思いますし、適任の方だと思います。私たちの時は、予算を獲得し、施設の運営を安定させ、改善していくことが中心でした。これからは、施設をどのように根本的に改革したらいいのかという大変困難な時代となります。身障協の正念場として頑張っていただきたいと願っています。

私が施設の窓を外に向けて開けられたのは、国の審議会で東京大学の盲ろうの障害のある福島智教授や、脊髄損傷のある電動車いす利用者、大濱眞さんとお会いした経験がとてもプラスになっています。また、平成七年の阪神・淡路大震災の時、共に救援活動をした自立生活支援センター・メインストリーム協会理事長の廉田(かどた)俊二さんとお話ししたのも励みになりました。廉田さんは、「私たちは施設に反対しているのではありません。施設は必要です」と言い、私は、「皆さんの活動から自立生活を学びたい」と語り合いました。

そういう方たちとの出会いが、私にはとても良かったと思います。これから若い職員は、施設の中だけでなくて、いろんな方と交流し、異なった知識や考え方を学び、新しい福祉を創造していく、広い視野の人間になってほしいと思います。

白江　私も同じような経験があります。私の勤務する法人も、障害者自身が作ったところですので、施設には課題はあるけれど必要であると思っている点は、お互いに通じ合うものがありました。

学ぶことは謙虚になること

白江　最後に、次世代を担っていく職員に対して、療護施設の理念や、それを実現していくため、質を上げていくための取り組み、あるいはケアのあり方など、先生が今の職員に対して思っておられることで、力になるようなお言葉をいただけますか。

徳川　対立と争いの絶えない世界の中で、すべての人が認め合い、幸せに生きる社会をどうしたらつくれるのか。それはまさに福祉の仕事そのものだと私は思っています。ですから福祉の仕事に携わる皆さんが、新しい地域共生社会を創造し、それをけん引していくリーダーになっていただきたいのです。

そのためには、先ほどもお話ししましたが、広い視野を持つ人になってほしいのです。そしてまず、自己を反省し、自己を改革していかなければいけないと思います。社会を変えるためにはまず自分を変えていくべきです。

それに向けては学ぶことが必要です。私は、学ぶということは、謙虚になることだと思っています。人の言葉に耳を傾ける謙虚さが、これからのリーダーの大事な柱になっていくと思っています。自分が何でもできる、何でも知ってるよというような考えには学びがありませんし、進歩がないと思います。

それと同時に専門性はしっかり持ってほしいです。そして、人を惹きつけていく魅力のある人間になっていってほしいと思います。品格を高め、魅力のある人間にならなかったら周りはついてきません。

そして、福祉を志す者にとって最も大切なことは、苦しい人に寄り添い、その苦しみを共にし、その人の幸せを求めて共に歩んでいくことです。

それは、先ほどお話しした母の教えです。「その人に所まで降りていき、共に手を取って登っていきなさい」「すべての人を受け入れる大海原のような人間になりなさい」と言った母の言葉が、私の人生を導き、今も私を支えています。

すべての人の苦しみを受け入れ、共にその苦しみを担っていく心を育てることを願っています。

真のケアの追求

白江　私はそれがケアの真髄だというふうに思っております。それを実現するために自分たちはいる。我々も逆にそういう職場にいることは感謝しなければいけないと思います。

徳川　ケアとは配慮するということであり、配慮とは、その人を受け入れることです。お風呂に入れ、食事を介助したりする行動だけでなく、その人の身になって思いやることだと思います。

それはケアの真髄であり、それがなければ福祉の仕事は完成しません。

身障協が発足当初から堅持にしてきた理念、「最も援助を必要とする最後の一人の尊重」

は、新しい地域共生社会においても最も大切な理念として受け継がれることでしょう。「最後の一人の尊重」は、同胞愛であり、社会正義であります。私たちは、誇りをもって働き、理想社会の創造にまい進していきたいと切に願っています。

白江 今日のお話は、私自身にとってもすごく力になりました。本日はありがとうございました。

（令和五年十月十二日　全国社会福祉協議会にて収録）

第4章

あの時・あの場所で感じたこと・考えたこと

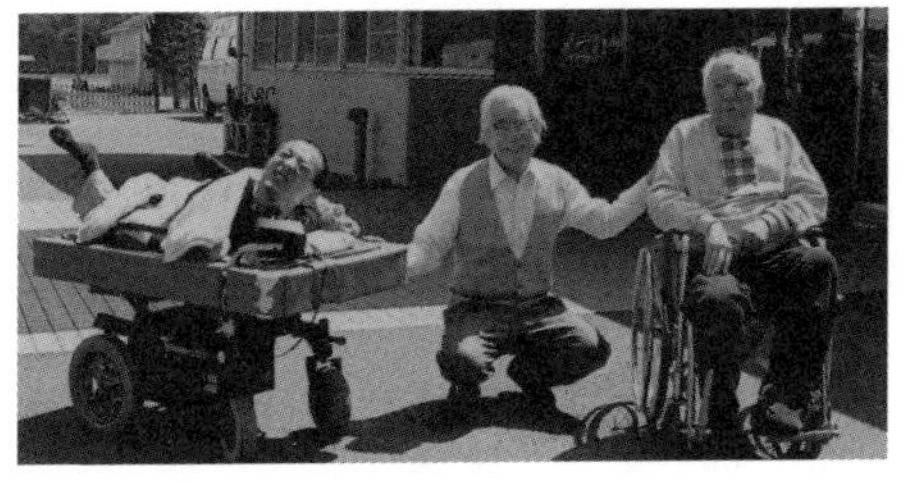
こひつじの苑の利用者さんと

平成３年から現在にいたるまでの30年余に渡り、著者が計100本以上の寄稿を続けてきた、『厚生福祉』(時事通信社）の巻頭言「打診」の掲載原稿から、時代の瞬間を映し出した13篇を掲載しました。

＊掲載に際して表記の一部修正を行っています。

津軽の旅

新緑にもえるみちのくは美しい。去る六月、療護施設の研究大会に出席するため、青森を訪れた。ねぶた祭も近く、町には津軽じょんがら節の軽やかな太鼓の音が流れていた。その土地の風情に浸り、歴史をしのび、人々に接するのは楽しい。画一化された情報社会が見失った貴重な体験を旅は提供してくれる。

本州の最北端にある津軽の自然は厳しい。深い雪に閉ざされた冬の生活は、人々をいや応なしに消極的にする。半面、沈静で忍耐強い気質を生み、困難に立ち向かう気概と団結心と互いの愛情をはぐくんできた。加えて、中央から遠く離れた津軽は人々に独立不羈（ふき）と反骨の精神を与えた。宗教、思想、文学の世界で優れた人物を輩出した主因といわれている。

陸羯南はその一人である。わが国の代表的なジャーナリスト、新聞界の雄である。卓越した言論人として、激しい弾圧を受けながらも言論の自由のために活躍し、明治の政界と思想界に偉大な足跡を残した。明治二十一年の磐梯山大噴火に際し、「目前に同胞兄弟の不幸に罹るを見ては、人として之を傍観座視するに忍びず」と叫んだ人間愛の人でもある。

大会のあと、筆者は弘前に三浦昌武翁を訪ねた。弘前愛成園の理事長である翁は半世紀にわたり、社会福祉一筋に生涯をささげた大先達である。今度、翁が陸羯南の身内であると知り、驚きかつうなずいた。弘前城近くの翠明荘で杯を重ね、羯南を語る。福祉にかけた翁の不変の気概と、分け隔てのない優しさに、津軽人、羯南の面影を見る思いがしたのである。

翌日、奥津軽の中里町へ足を延ばし、野上四郎園長のご案内で内潟療護園を見学した。

途中、金木町で太宰治の生家、斜陽館に立ち寄る。偶然、その日は太宰治をしのぶ桜桃忌にあたっていた。太宰は美知子夫人の言葉の通り「骨の髄まで津軽人だった」。彼は「世の風潮に従わず、誠実で、命がけの愛情をもつ津軽人」を自分の中に見ていた。津軽気質は反骨と優しさと言えないだろうか。温かい愛情の中に、過疎の町からユニークな地域福祉のあり方を全国に発信しつづける野上兄の信念を見た時、兄もまた、骨の髄までの津軽人なのだと思ったのである。

「ね、なぜ旅に出るの？」「苦しいからさ」――太宰治作「津軽」の一節である。人生の一番大切な時に、苦悩に満ちた創作活動を旅に託した言葉である。情報化が肥大した現代では、すべての知識は居ながらにして手に入るものと錯覚されている。マスメディアの与える知識は物事のほんの皮相にすぎない。深層を知るには、風土と歴史に根づいた生活の営みを肌で感じとることが必要である。

帰路、濃霧のため空港は閉鎖。上野行きの夜行列車の旅は、津軽の思いをより心に刻むこととなった。

（第4－8－号・平成五年七月十七日）

李さんとの出会い

韓国の地域福祉センターで働くソーシャルワーカー、李光文（イー・クワンムン）さんが、われわれの施設「こひつじの苑」で三か月の研修を行った。全国社会福祉協議会が招いた研修生の一人である。

彼は熱心に実習し、障害者とも進んで交流した。ノートを片手に絶えず質問し、理解するまであきらめない。職員の研修会にも参加し、暇を見つけては他の施設や福祉機関を訪れる。外国でこれほど臆（おく）することなく、積極的に行動できるものか。我々はその気力に感服し、圧倒された。

韓国の評論家、金容雲（キム・ヨンウン）氏は、独特な風土と苦難に満ちた歴史がつくり出した「内面に蓄えられた大きなエネルギー」を韓国の民族性に見ている。その力は李さんにも受け継がれ、脈打っていた。彼の力強く、柔軟な生き方に接し、我々は、改めて豊かさに甘える日本人のぜい弱さに気付いたのである。

異質の精神文化に接することは双方の活性化と発展に役立つ。李さんの来苑はお互いにとって大きなプラスとなった。

過日、李さんらアジア諸国の留学生たちと話し合った。彼らは、「私の国の施設は小さい」「国の補助金が少なく、民間の寄付に頼っている」と言った。確かに経済大国の日本では、施設は立派で大きく、かの国々に比べて国の補助もずば抜けて多い。だが、それだけで優れた福祉と誇ってよいものか。「大きいことはいいことなのか、すべてを国の責任にすることが福祉なのか、むしろ貴国の福祉に学びたい」と私は答えたのであった。

それぞれの国には独自の優れた伝統と実践がある。それを見いだし、互いに学び、共に成長していくのが海外研修だ。

しかし、残念なことに、日本では「教えてあげる」という援助の態度がちらつく。特に、発展途上国の隣人に対してはそれが色濃い。その根底に「先進国のおごり」があれば、留学生の心を傷つけ、研修の実りを損なうこととなるだろう。

恩師である同志社大学の嶋田啓一郎先生の言葉を思い起こす。「特殊な歴史、固有の文化に住み慣れて、あまりに日本的な福祉風土に自己満足することは、かえって我らの祖国を自縄自縛に陥らせることになる。日本を愛すれば愛するほど、一方では世界に目を開き、グローバルな視野から日本の社会福祉に評価と批判のメスを入れる勇気を持たねばならぬ。海外の理論と実践に謙虚に学ぼうとする努力を軽んじては、真に日本的な偉大さを築く足場は築かれないであろう。」

東京に戻った李さんから電話が入った。「明日、成田から帰ります。今度は韓国に来てください。また会いましょう。」

桜の花が咲き始めた日本を後に、彼は故郷の釜山へと飛び立っていった。最近にないすがすがしい出会いだった。

彼の祖国での活躍を祈りたい。


（第４４７２号・平成八年六月二十九日）

O157の教訓

O―157で大揺れに揺れた夏だった。

病原性大腸菌による食中毒が岡山と堺に発生し、瞬く間に各地に広がった。急激な集団感染にパニックが巻き起こった。

発生直後の7月下旬、施設の職員に出血を伴う下痢症状が出た。もしO―157が検出されたら大変である。地域住民に重大な危険をもたらすとともに、体力の弱い重度障害者への感染は恐ろしい。全身の血が凍りつく思いであった。

危機管理には一刻の猶予も許されない。すぐに患者を入院させ、保健所に連絡した。最悪の状況を想定し、最善の防衛策をとる。施設の消毒を行い、全員の検便を実施した。幸いにも、患者本人を含め、全員が陰性と判明したのである。

だが、うわさは驚くべき速さで広がった。その日のうちに心配の電話が入り、帰宅した職員に近所の人々が集まる。うわさはうわさを呼び、「O―157検出」となり、ついに「町内の全施設で発生」となった。

職員は戸惑い、障害者は「どうして施設は疑われるの」と嘆く。早速、役場に申し入れ、有線テレビで〝O―157感染情報〟が流された。「町内では患者の発生なし」の放送でパニックは沈静した。

O―157による食中毒は、全国の発症者が八千人を超え、死者は十一人となった。「カイワレ犯人説」や「レタス犯人説」と揺れ動き、市民は不安に取り巻かれる。飲食関係者は、売り上げの落ち込みや販売中止で深刻な状況に追い込まれた。

目に見えない細菌の脅威、身に迫る危険、先行きの不安で恐怖は膨れ上がり、人々は過剰に反応してしまった。

パニックの中でうわさが飛び、誤解が生じるのを阻止するのは難しい。だが、根も葉もないうわさが人の心を傷つけ、人権を侵害することだけは許してはならない。

〝バイ菌〟とからかわれ、仲間外れにされた発症児童、自宅待機に回されたパート主婦、旅先で宿泊を断られた堺の人。いまだに、感染者や疑われた人々は差別に苦しむ。病原性大腸菌O－157はベロ毒素で人間の肉体を害したが、人間は偏見といじめで、もっと多くの人の心を傷つけてしまったのである。

人権擁護を標ぼうする社会は、住民の名誉と権利を守らねばならない。そのためには、プライバシーを保護し、迅速かつ正確に情報を伝えるネットワークが必要だ。そして、何にもまして「何が正しく、何が大切か」を客観的に見極める眼識が、住民に強く求められるのである。

興味本位の情報がはんらんする日本の社会にあって、我々は、物事の真偽と軽重を見分ける能力に欠けてしまった。不確かで無責任な言動が、他者の名誉と権利を侵害しているケースは数多い。

O－157による感染症の災いを機に、人間の権利と尊厳に対する姿勢が、改めて問いただされるべきではなかろうか。


（第4496号・平成八年九月二十五日）

ノーマライゼーションの土壌

今年度の政府予算で、定員三十人の小規模身体障害者療護施設（単独型）が創設された。療護施設が制度化されて二十五年、初めての小規模化である。これが施設の分散を促し、ノーマライゼーションを推進させる一歩になることと期待したい。

小規模化が検討されていた昨秋、筆者はオセアニアの福祉事情を視察し、ノーマライゼーションを目指す貴重な実践を確かめることができた。

オーストラリアのシドニーにある脳性麻痺者の施設「スパスティック・センター」では、最重度障害者の福祉工場「センター・インダストリーズ」の解体を目撃した。かつて理想の福祉といわれた同工場が閉鎖され、「貸倉庫」に変わった光景に、思わず息をのむ。

解体は、「障害者がかたまって働くのではなく、普通の市民として働くべきだ」というノーマライゼーションの思想による。障害者は一般企業に雇用され、普通の住宅に少人数で生活していた。

ノーマライゼーションへの努力は、隣国のニュージーランドでも着実に実施されていた。クライストチャーチのマラロメダ慈善団体が運営する知的障害者施設でも、障害者は三〜四人ずつに分かれ、閑静な住宅地の中の普通の家で生活を楽しんでいた。「ここは私のもう一つの家」「お世話するというより、一緒に生活するといった感じです」と職員はさりげなく言う。それは施設の小規模化というより、むしろ脱施設化であった。

オセアニアでは、欧米と同じく、客人を温かく迎えるホスピタリティーが尊ばれる。訪問先での迎え入れは温かかった。紅茶を入れるスパスティック・センター役員の老婦人の心配りと優しさは、今も心に残る。「私たちは、どんなに忙しくてもお客様を大切にもてなします」とほほ笑むマラロメダの所長、アン・マリー・パイク女史の言葉も忘れられない。

この伝統的な「受容の精神」こそが、障害者を同胞として受け入れ、共に生きるノーマライゼーションをはぐくむ土壌となっていると実感したのである。

翻って、わが国を眺めるとき、豊富な物質生活の中で、あまりにも自己中心的となり、孤独となってしまった人々を見る。どこに、他者を温かく迎え入れる優しい言葉とほほ笑みがあふれているのだろうか。他者を尊び、受け入れることのできない心貧しい社会に、ノーマライゼーションが根付き、育つはずはない。

福祉改革には、思い切った政策と予算は必要である。だが、今の日本にノーマライゼーションを定着させるには、他者を尊び、受け入れる「受容」の精神的土壌を培うことが何よりも求められよう。

「受容とは、他者に対してもつ温かさ、善意、繁栄への願いである」（フローレンス・ホリス）

（第４５５８号・平成九年五月三十一日）

アートパラリンピック

三月の長野は雪山に輝き、パラリンピック冬季競技大会で沸き立っていた。だが、その陰で「アートパラリンピック」があったことはあまり知られていない。

アートパラリンピックは「障害のある人たちの芸術の祭典」である。パラリンピックに合わせ、市民のネットワークによって開催された。「障害のあるアーティストたち」が世界中から集まり、美術作品の展示をはじめ、音楽や踊り、パフォーマンスなど、市内各地で表現の場を繰り広げたのである。

陶芸と絵画には全国から千点を超える作品が応募し、信濃美術館を中心に、善光寺に通じる長野中央通りのギャラリーやショーウインドーに展示された。「街かどミュージアム」の出現である。

「ただうまく描かれている作品は選ばない。何かを必死で訴えようとしている作品を、あえて選んだ」と審査委員の前衛芸術家・嶋本昭三さんは言う。素直に表現された作品は生き生きとし、見るものに不思議なやすらぎを与えていた。

全盲の芸術家・光島貴之さんは、陶芸「らせんの手掛かりⅡ」で大賞を得た。らせん形をテーマにした作品にそっと手を触れてみる。作者のぬくもりが伝わってくる「心をいやす生きたアート」だ。

画家の田島征三さんは、「障害をのりこえずに制作してほしいと思います。障害を克服しないで、すばらしい作品をつくってください」と熱いメッセージを送った。「障害という個性を一つの価値として受け止め、緩やかに自然に制作する障害者と周囲の支え」に絵本作家・はたよしこさんは目を見張る。

個性的で、ありのままに表現された作品に接し、ほっと救われた思いを感じたのは筆者のみではあるまい。

近年の社会は効率化を求め、ますます画一化している。個性を重んじるべき学校教育までが、伸びやかに成長しようとする子どもたちをカリキュラムの枠に閉じ込め、同じ物差しで評価している。枠からはみ出した個性は認められない硬直した世の中になってしまった。

自由に伸びることが封じられるとき、人間はゆがみ、崩壊する。特に、子供たちは純粋なだけに崩れやすい。自己が崩壊し、自分の存在意義を見失った子どもたちは、歯止めのきかぬ暴力へと転落する。最近の続発する中学生の凶悪な犯罪は、それを如実に物語っているのではないか。

個性を認め、そこに「生命の輝き」を見いだすアートパラリンピックは、今日の日本の社会と教育の在り方に、重大な警鐘を打ち鳴らしているのである。

帰宅後、インターネットのホームページで「アートパラリンピック」を検索した。現れた次の言葉は、現代社会に対する重大なメッセージと言えよう。「個性が輝くとき……街が明るくなる」

（第４６４９号・平成十年五月三十日）

障害者基本計画

今年の四月一日、新しい障害者基本計画がスタートした。障害のある人の地域生活を重視するもので、彼らの隔離されてきた生活に完全な終止符が打たれることを心より期待したい。

我が国の福祉は、施設を中心に発展してきた。それなりに、施設生活の質も向上してきた。しかし、いかに生活が豊かになっても、障害のある人たちだけが集団で過ごす施設生活は異常である。

筆者が経営する療護施設においても、入所者たちは、重い障害のため、やむなく家族と離れ、他人との集団生活を余儀なくされている。そこには、満たされない思いと孤独感が漂っている。

夜更けの施設を巡回するとき、彼らの辛(つら)い思いに心が痛む。寝静まった施設のあちこちから、利用者たちの寝息がかすかに聞こえてくる。愛する家族から切り離され、今日も寂しさに耐えながら生きてきたのだろう。涙が出るほど切なく、悲しいひと時である。

今、ようやく在宅生活を中心にした障害者基本計画が動き出そうとしている。具体的には、「障害者は施設」という従来の意識を改め、地域福祉を充実させる。入所施設は真に必要なものに限定し、施設をつくる場合も、地域に溶け込めるよう小規模で、個人の生活に配慮したものを目指す。

かつて、欧米にも、障害のある人を社会から隔離し、彼らだけの集団生活を守るコロニー全盛の時代があった。しかし、今は、これも過去の遺物となった。彼(か)の国々では、障害のある人たちの多くは、家庭やグループホームで地域生活を楽しんでいる。重い障害のある人たちが、市街地を電動車椅子で走り、芝生の庭に囲まれた住宅に出入りする姿を見るとき、日本の障害者福祉の遅れを痛感する。今始まった障害者基本計画こそ、この遅れを取り戻す貴重なチャンスであろう。

以前、共に車椅子(いす)を使う重度障害者のカップルが結婚した。井沢学さんと美紀さんである。後に、新郎の学さんは、著書「いま生きて、愛」の中で、新婦美紀さんが、結婚披露宴で両親に贈った感謝の言葉を記している。美紀さんは言った。「生まれてきて良かった。生きてきて良かった」と。

このような言葉が当たり前に聞ける社会を築く障害者基本計画であってほしいと心から願う。

（第5ー23号・平成十五年七月四日）

優しさが欲しい

社会福祉の制度が大きく変わった。「与える福祉」から、「選ぶ福祉」への転換である。既に、老人福祉では介護保険、障害者福祉では支援費によって、希望するサービスが購入されている。

いずれサービスの供給が需要を上回れば、質の低い事業は廃業に追い込まれるだろう。選ばれるため、ホテルのような豪華な施設も目立ってきた。

では、利用者が最も望むサービスとは何なのだろうか。埼玉市民福祉オンブズネットが出版した『施設選びのキーポイント』(一橋出版)は、「施設選びの基本は、建物・設備の豪華さより、施設全体と職員の表情や言動が醸し出すホッとする文化的人間的環境です」と提言している。

これを、逆の立場から示したものに、「客離れの原因」を調査したグループダイナミックス研究所の報告がある。それによると、客離れの原因は、引っ越し、他店への勧誘、競争相手の出現、商品への不満などが合わせて三二%、残りの六八%は「店員に笑顔と挨拶がないこと」であった。

以前、京都府、滋賀県、奈良県にある重度障害者のための療護施設で、利用者のアンケート調査を実施した。その中で、「あなたは何を一番望みますか?」という質問に対し、最も多い解答は「優しい職員が欲しい」であった。利用者の苦悩を理解し、安らぎを与える「優しい心」こそ、彼らの最大の望みであることを示している。

一九六三年にローブ・センター（ニューヨーク）を創設したリディア・ホール女史も「他人から理解されず、愛することも愛されることも知らずに孤独の中で死を迎えることほど悲しいことはない」と言い、「心の交わり」の大切さを訴えた。

選ばれるサービスの基本は「人格の応答」である。福祉改革の今日、見栄えだけにとらわれることなく、「優しさ」に満ちた事業を守りたい。

夜遅く仕事を終え、施設の廊下を歩く。利用者のかすかな寝息が聞こえてくる。愛する家族と離れて生活する彼らの辛(つら)い思いに、抑えきれない寂しさを覚える。「優しさが欲しい」という彼らの切実な願いにどこまで応えてきたか。悩みは続く。

「人生はいつたのしいか
気持ちがひとつになり切った時だ」（八木重吉）

（第５６４７号・平成二十一年六月十六日）

転居

この夏、我が家は転居した。高齢の夫婦にとって、猛暑の中での引っ越しの苦労は、殊のほか身にしみた。しかし、高齢者の生活環境としては、駅や病院、公的施設などに近いことが必要である。多くの情報に刺激され、未知のものを目指す機会が与えられるからである。

いざ引っ越しとなると、長年の生活で生じた身辺諸物の整理は、思った以上に大変だった。不要と分かりつつも、捨てる決心がつかない。「取っておいて、誰がいつ使うの」と娘たちに言われても、思い切りがつかない。子どもたちが遊んだ庭、妻と育てた草花や木、柱に残された孫の背丈の跡など、懐かしさがよみがえり、心が揺れる。

だが、人生は旅である。先へ進むためには捨てなければならないものもある。蝶が脱皮して大空に舞い上がるように、人も過去への執着を捨て去らなければ、新しい人生の扉を開くことはできない。

妻に勧められ、森村誠一の著書『芭蕉の杖跡』を読んだ。「おくのほそ道」の新紀行である。江戸時代の俳人、松尾芭蕉は、四十六歳のとき旅に出た。当時としては高齢の旅である。江戸の深川を出立し、奥羽・北陸を巡り、美濃の大垣に至る二千四百キロ、百五十日の旅だ。芭蕉は、この旅を通して、「おくのほそ道」を書き上げたのである。

芭蕉の旅は単なる旅ではない。それは、森村が述べているように、遠いかなたへの憧れの旅であり、未知のものを追い求める旅であった。草庵を捨て、見知らぬ土地をさすらう。

行く先々の風物を眺め、花をめで、歴史を偲び、寺社を訪れ、人と語らう。芭蕉にとって、「旅は人生」であり、「人生は旅」だったのである。

私たちにも、慣れない土地での生活が始まった。百七十坪の農村近郊の家から、駅近の地方小都市での生活へ移った。家は狭いが、高齢の私たちにとっては何かと利便さが感じられる。人が生きていく上で必要なものはそう多くない。必要なことは、不要なものを削り取り、シンプルライフの中で人生に大切なものを求めることだ。

福祉改革が目指す高齢者や障害者の地域移行も、単に町中に安住するだけでなく、遠いかなたを憧れ、夢多い生活が送れることを目指してほしい。

「片雲の風に誘われて　漂泊の思ひやまず」　芭蕉

（第5934号・平成二十四年九月二十一日）

権利擁護の国づくり

日本が障害者権利条約を批准したのは、今年の一月二十日である。二〇〇六年に国連総会が同条約を採択してから八年、国連加盟国一九三か国のうち一四一番目の批准である。余りにも遅かった。

国連本部に批准書を寄託した吉川国連大使も、「たいへん長い時間がかかってしまい、国際的に誇れることではないが、模範的な締結国となるよう努力していきたい」と語っている。この遅れを取り戻し、世界に誇れる権利擁護の国を築くことが、我が国に課せられた責務である。

障害者権利条約は、障害者の差別を禁止し、社会参加を促すことにより、障害があってもなくても共に生きる社会の構築を目的とする。そして、国連が繰り返し強調する「すべての人のための社会」を理想とし、尊び合い、助け合い、共に生きるユニバーサル社会の実現を目指す。

障害者権利条約の締結国となった我が国も、障害者にとどまらず、社会的に弱い立場におかれた人たちを含め、すべての人の権利が尊ばれ、共に生きる社会の実現に努めなくてはならない。権利条約を実りあるものとする締結国の義務である。

では、我々は何をなすべきか。敗戦の混乱期に学んだ河合榮治郎の『自由主義の擁護』を再読し、「形式と実質の区別」の重要性に気づいた。条約では「理念と実践」「器と中身」の区別となる。

権利擁護の理念を示す権利条約と、権利擁護の実践とは異なる。条約は理念を守る器であり、理念の実践は中身である。従って、実践を伴わないなら、条約は「空っぽの器」と化すのである。

権利条約は、人間尊重と社会連帯の心を国民生活に根づかせ、実践することを求める。我々は、国を挙げてこの大事業に取り組まねばならない。

電車で優先席を陣取り、高齢者を見て見ぬふりをしてスマホに熱中する人たち。そこには、他者への尊敬も、弱者への配慮もない。この醜態を放置して、権利擁護の国が築けるはずはない。

他者を尊び、助け合い、共に生きる社会を構築することは、権利条約を締結した国の使命である。東日本大震災で、世界から称賛された共助力を発揮した日本だ。必ず成し遂げられると信じたい。

今こそ、世界に輝く権利擁護の国づくりに全力を挙げる時である。遅れを取ってはならない。

（第６０６１号・平成二十六年三月十八日）

若者の政治参加

去る六月十七日、選挙権年齢を「二十歳以上」から「十八歳以上」に引き下げる改正公職選挙法が成立した。これにより、来年の夏に行われる参院選から、二百四十万の若者が新しい有権者として一票を投ずることとなる。未来を築く若者たちが政治に新風を吹き込み、日本の新時代を拓いていくことが期待されよう。

若者は、不正を許さない正義感と恐れを知らぬ行動力をもつ。彼等の政治参加が、我が国の民主主義をさらに発展させる力となるため、今回の選挙法改正を形だけのものにしてはならない。

若者の政治参加を実効あるものとするには、彼等が責任ある主権者となり、確かな信念と判断をもって自らの意見を主張することが必要である。そのためには、大人社会が若者を自立した社会の一員と認め、さらに被選挙権年齢を引き下げ、若者の代表を議会に迎え入れることが求められよう。

昨秋、同志社大学社会福祉学会が開催した「デンマークにおける女性と若者の社会進出・政治参加」と題するセミナーに参加した。講師は二人のデンマークの若者、二十五歳のシーナ女史と十九歳のピータセン氏である。シーナ女史は十九歳で市会議員に当選し、現在、国会議員を目指して政治学を研究中。ピータセン氏は高等学校在学中の十八歳で市会議員に当選した。二人が政界に入った動機は、共に身近で起こった社会の不公平である。人権を主張し、若者の声を議会に反映させた彼等に、真の民主主義を痛感したのであった。

現在、若者の政治意識を高めるための主権者教育が検討されている。異論はない。しかし、知識を与えるだけで政治参加が深まるとは思えない。若者の政治離れの原因は、彼等を政治から遠ざけてきた大人にあるからだ。大人が若者の主張に耳を傾け、共に国を憂い、未来を語り合うことなしに、若者の政治参加は進むまい。今夏の安保論議を機に、若者は政治に向かって声を上げ始めた。これに大人がどう応えるか、厳しく問われている。

幕末の偉大な教育者であり志士である吉田松陰は、門下生に大義を語り、志を論じ合い、近代日本の礎を築く人材を育てた。日本の未来を決める若者が政治に参加しようとしている今、松陰を鑑（かがみ）とすることが何よりも大切ではなかろうか。

（第6202号・平成二十七年十一月二十七日）

東と西

我が家の近くに三井寺（滋賀県大津市）がある。その北院の一つ、法明院にあるフェノロサの墓を訪れた。深い森に包まれた書院の庭園を通り抜け、小径（こみち）を少し上ったところにその墓はあった。

アーネスト・フェノロサは米国の哲学者であり、東洋美術史家である。明治十一年に来日し、東京帝国大学で哲学、政治学、理財学を講じた。日本美術に深い関心を持ったフェノロサは、古寺の美術品を訪ね、狩野派絵画を学ぶ。当時の廃仏毀釈（きしゃく）と西洋文化崇拝によって見捨てられていく日本美術を惜しみ、その保護と振興に尽くし、日本美術の魅力を欧米に伝えたのである。

三井寺で受戒し、仏教に帰依したフェノロサは、今、琵琶湖を望む法明院に眠っている。フェノロサは「東と西」という詩を遺（のこ）している。「東と西は一つの魂の両面であり、いずれ一つに結びつく。迎合でも強制でもなく、互いに己を空（むな）しくして相会う時、西もなく、東もなく、ただ一つの平和な涅槃（ねはん）が出現するだろう」（久富貢著『アーネスト・フランシスコ・フェノロサ』）

フェノロサが逝って一世紀余り。その間、日本は近代化し世界の大国へと飛躍した。しかし、その優位性の陰でフェノロサが目指した「融合の精神」が希薄になってはいないだろうか。恩師の故嶋田啓一郎教授は述べた。「日本的な風土に自己満足することは、祖国を自縄自縛に陥れる。日本を愛するなら、グローバルな視野から日本社会に評価と批判のメスを入れなければならない。海外の理論と実践に謙虚に学ばなければ、真に日本的な偉大さを築くことはできない。『ますます世界的に、飽くまで日本的に』それがわれわれの行く道である」（嶋田啓一郎著『社会福祉体系論』）

フェノロサは「東西の融合」を渇望した。自己を絶対視せず、他者を認め、尊び、謙虚に学び合う寛容の精神を重んじたのである。それは、激しく対立する現代社会への警告である。他を排除する自国第一主義や民族主義が、いかに兄弟姉妹である人類を分断し、苦しめていることか。互いの違いを認め、尊敬し合い、「融合と平和」を取り戻すことは人類社会の急務である。それは、福祉に携わる我々の理想であり、使命ではないか。

思いを新たに、もと来た小径を下ったのである。

（第6526号・令和元年十一月一日）

下山の心構え

わが家から西に比叡山を仰ぎ、北に琵琶湖を望む。最重度障害者の施設の創設を祈願し、比叡の山々を歩き続けた若き日が懐かしい。京都の修学院から登り、頂上の延暦寺を目指した。根本中堂を経て浄土院へ向かい、静まり返った伝教大師の廟で心を静め、尾根伝いに横川中堂へと歩く。そこから麓の日吉大社へ下り、琵琶湖へ向かった。

それは、山頂から京都の町並みや丹波の山々を望んで福祉事業の未来を胸に描き、足下に広がる琵琶湖を眺めては心を広げる独り歩きだった。

「登りだけが登山ではない」と新聞に読み、比叡の山歩きを思い出して納得した。山登りには必ず山下りがある。同じ山道でも、登りと下りで気持ちも歩き方も違う。登る時は希望に燃え、気持ちは高ぶり、勢いよく懸命に上がっていく。下る時は達成感とともにわびしさを覚え、思いにふけりつつバランスを取り、注意深く下りていく。それは全く異なる行為であった。

夕暮れが迫る山道の黒々とそびえる木々の間を縫い、次第に大きくなる谷川の音を聞きながら、ただ独り下っていく。自分と向き合った下山のひと時は、貴重な体験として今も心に残っている。

作家の五木寛之は、著書『人間の覚悟』の中で「下山の哲学」を述べ、人生を登山になぞらえた。「登山には必ず下山があります。山に登ることも大事だが、山を下りることも同じように大事です。下山は穏やかで豊穣で、それまでの知識や情報では及びもつかない智慧（ちえ）にふれる期間であるはずです。安全かつ優雅に、心を落ち着けて山を下っていくことが人間にとって大切なのです」

人生において必ずやって来る下山を見据え、しっかりした覚悟と心構えをもつことを教えている。

今の世の中は「登り」を重視し、「下り」を軽く見ていると思う。人々は先を争い、ひたすら高みを目指して登っていく。そして、頂を極め、下りに差し掛かった時、それを認めず、下山にあらがい、若返りや若づくりに時を費やす。これほど寂しく惨めな生き方はない。

人生の下山をしっかりと認め、それを成熟期とし、老人の品格を保ちつつ、穏やかに心豊かに山を下りたいものである。「下山の心構え」こそ、尊厳ある人生の集大成であると思う。

（第６６８１号・令和三年十月五日）

オランダに学べ

今年三月、ＡＢＣテレビが「オランダにおける新しい高齢者福祉」を放送した。高齢者施設に住む老人の孤立化を解決する試みである。

「高齢者が幸せになるためには老人と若者の共生が必要」という発想により、高齢者施設に学生が住む画期的な「多世代間交流の生活スタイル」の導入で、オランダの古都デーフェンテルにある老人ホーム・フマニタスでの取り組みである。

具体的には、毎月三十時間、高齢の入居者と共に過ごすことを条件として学生を無料で老人ホームに住まわせる。一つ屋根の下で高齢者と学生が暮らすことで、現在はなくなってしまった老人と若者の共生という貴重な機会をつくる。学生は老人と雑談したり、食事を共にしたりする。一緒に誕生日を祝い、老人の車椅子を押して飲み会にも出掛ける。あいさつしたり、冗談を言い合ったりすることで笑顔が生まれ、施設の社会性が高まり、生活の質が向上したと報告されている。

学生は、人生の先輩である老人と接することで落ち着いて生活でき、自分を見つめ、人生を知る。死を人生の一部として受け入れることで父親の死の苦しみから救われた女子学生もいた。

「フマニタス・モデル」はオランダの連帯精神から生まれた。国土の多くが開拓地と海抜ゼロメートル地帯である同国には、開拓と治水の長い歴史がある。社会学者の田中理恵子氏が述べたように、この歴史が合意と共存のコミュニティを形成し、連帯の文化を生み、共生の福祉を育てたのだ。

ヨーロッパでは近年、オランダの連帯に基づく福祉が評価され、「オランダに学べ」が合言葉となっている。フマニタス・モデルは、フランス、スペイン、さらには米国でも試みられている。

注視すべきは、フマニタス・モデルが、高齢者介護のコストが増加し、高齢者に対する国家予算が削減される厳しい状況の中で始められたことだ。

少子高齢化が進展し、財源と人手が不足する日本も、オランダの英知と勇気に学び、逆境をバネに新しい福祉を創造すべきではないか。土砂災害のため治山治水に努めてきた日本には、オランダと同じ連帯の力があることを忘れてはならない。

高村光太郎の気魄(はく)に満ちた詩の一節を思った。

「僕の前に道はない　僕の後ろに道は出来る」


（第６８３９号・令和五年九月八日）

第5章 徳川さんと私

こひつじの苑竣工時の記念碑

これまで著者とゆかりのある方々から、本書に寄せた特別寄稿をいただきました。

福祉の先達者としての徳川輝尚先生

社会福祉法人恩賜財団済生会理事長　炭谷　茂

旧厚生省在職中に私が最も心血を注いだのは、社会福祉基礎構造改革である。

学生時代から福祉の世界に飛び込んだが、日本の福祉は、新憲法下であっても戦前から変わっていないことに疑問を持ち続けていた。「してあげる福祉」という福祉から「選択できる福祉」に変え、権利としての福祉に根本的に改革しなければ、日本の福祉の明日はないと確信していた。国際的にも大きな後れを取ることになる。

生易しいことではないと覚悟していた。社会福祉関係者から不安、疑念、反対の声が噴出した。研究者や旧厚生省幹部ＯＢからは、運用の改善で十分だという主張が強かった。私の解任を求める動きや深夜の自宅への無言電話もあって不快だった。

不安や反対論も分からないではなかった。重度障害者など自分で判断ができないケースもある。しかし、この対応策も導入したし、権利としての福祉を貫くには絶対に譲れなかった。

こんな苦しい孤立した状況下で、局長室で当時全国身体障害者施設協議会会長だった徳川輝尚先生と意見交換をすることになった。徳川先生は、わが国最初の身体障害者療護施設「こひつじの苑」を設立され、施設長を務められていた。この施設こそ、私が改革で最も心配した重度障害者のケアをされていた。

私は、強硬な反対論を展開されるのではと心配した。それが当時の協議会所属の会員の空気だった。しかし、徳川先生は違った。戦後の最重度障害者の福祉の歴史と障害者の人権尊重の国際的潮流を説きながら、私の考えに賛意を示された。根拠も明確だった。何よりも障害者の実態に精通した人の意見だけに説得力があった。私が社会福祉基礎構造改革の実現に邁進する勇気をいただいた瞬間だった。

その後も問題が起きる度に助言と激励をいただいた。現場の経験と深い学識が合わせ持つ徳川先生の言葉は、何よりも大きな力になったことは言うまでもない。

アンリ・ファルマン機のプロペラ

福祉新聞社長　松寿　庶

昭和四十五（一九七〇）年ごろか目黒の鷹番に鍋焼きうどんが美味しいうどん屋があった。そこの入口のなげしに木製のプロペラが掛けてあった。きれいな説明書ではなかったが徳川大尉が日本で初めて飛んだ飛行機、アンリ・ファルマン機のプロペラである旨が書かれてあった。

徳川大尉がフランスから購入した同機を操縦して代々木の練兵場（現　代々木公園）で初飛行を敢行したのは明治四十三年のことである。

約三千メートルを三分間で飛んだ記録がある。

そのうどん屋の説明書きの徳川大尉が徳川輝尚さんの父君であるとは夢にも思わなかった。

それから二十年ほど経って、私が全社協の事務局長の折に徳川さんとの接点が濃くなった。

昭和四十七年、厚生省は身体障害者福祉法の改正を行って身体障害者更生援護施設に療護施設を加えた。そのことを受けて昭和五十一年に関係者は全国身体障害者療護施設協議会（全療協）を発足させた。しばらくして全療協は全社協への加盟を求めてきた。全社協はこれを是として「全国身体障害者療護施設協議会」として加入を検討したが、広く身体障害者施設が加盟できる名称としては「全国身体障害者施設協議会」が適当だろうと判断して全療協に示した。全療協はこれを了承したので全社協は昭和六十一年に全国身体障害者施設協議会を発足させた。全療協は直ちに組織を解消してこれに加入した。

それに先立って昭和四十二年には心臓、呼吸器障害が内部障害として身体障害者福祉法の適用を受けることになっていたので、その取り扱いは課題として残された。

また、療護側では全社協に加入することで規制を受けるのではないかとの懸念が一部の役員にあり、徳川会長としては長期的には事務局体制が強化されること、他の業種の動向が分かることなどのメリットをていねいに説明することで理解を得ることとなった。

全社協としては、障害者施設分野は弱点であったので職員の専門性を高めるためには歓迎すべきことであった。

全社協の特質は事務局体制にある。多くの団体ではすぐれた指導者がいなくなると事務局が弱体化して衰微する。

その点では全社協は一定の職員数を確保し訓練する体制がある。社会福祉法人も事業の継続のために後継の候補者を他から求めることも必要となる。

ところで徳川大尉のことであるが、徳川好敏氏といって御三卿清水徳川家の第八代当主で陸軍中将であった。いま一〇〇年を経て樹木で鬱蒼（うっそう）となった代々木公園には初飛行を記念して徳川好敏氏の胸像がある。

なお、目黒の鷹番にあったプロペラが本当にアンリ・ファルマン機のものであったのかはいまだに確かめていない。

素晴らしき人生の先達に巡り合えた幸せに感謝を込めて

社会福祉法人旭川荘常務理事　髙原弘海

徳川輝尚先生との出会いは、私が厚生労働省障害福祉課に在籍していた平成十五年の夏、京都で開催された会議でお目にかかった二十年前に遡ります。

その時は何気ない短時間の会話だったように記憶していますが、徳川先生の人格的な魅力に惹かれ、私が厚労省を退職して西日本に本拠を移した後の平成二十四年夏、京都府南丹市園部町の「京都太陽の園」に徳川先生をお訪ねしたことがきっかけとなって親しくお付き合いさせていただくようになりました。

城下町の古民家を改造した地域福祉の拠点の場で、「一緒に勉強会ができたらいいですね」という話になり、同志を誘って最初は京都で始めた茶話会も、徳川先生の大津への転居を機に会場を大津へ移し、「大津茶話会」として早や十年の年月を重ねてきました。

茶話会の会場は、メンバーの一人が所属する法人の会議室を使わせていただいていますが、かるたで有名な近江神社に隣接し、東に琵琶湖を眺め、北西に比叡山を仰ぐ閑静な場所で、徳川先生を囲み、福祉はもちろん、歴史、宗教、哲学、建築、海外事情、酒事情といった幅広いテーマで気兼ねなく語らう琵琶湖畔のひと時は皆にとってかけがえのない時間となっているように感じます。

徳川先生とは、この茶話会以外にも、京都御所や大津三井寺の散策、琵琶湖に面するホテルで珈琲を飲みながらの四方山話と、その後の琵琶湖畔や旧東海道沿いの散策など、楽しい語らいの時間をご一緒しています。

若き日、徳川先生は最重度障害者施設の創設を祈願して比叡山を歩き、足下に広がる琵琶湖を眺めておられたと伺いました。数年前の茶話会で、俳聖として知られる松尾芭蕉が亡くなるひと月ほど前に、大好きだった琵琶湖に思いを馳せ、人生最後の句会で詠んだといわれる「この道や行く人なしに秋の暮れ」というお気に入りの句を教えていただきましたが、いつの間にか、この句は私にとっても心に沁みる大のお気に入りになりました。

私にとって徳川先生は敬愛する人生の先達です。目標とするには高過ぎる山ですが、親しくお付き合いするご縁をいただいた幸せをかみしめています。

令和 5 年 10 月撮影

徳川輝尚（とくがわてるひさ）

略年表

昭和 6 年	東京市淀橋区（現 東京都新宿区）下落合に生まれる。三重県伊勢市に転居
昭和 23 年	旧制第八高等学校理科入学
昭和 24 年	学制改革に伴い京都大学工学部入学
昭和 25 年	上智大学入学、哲学科及び神学科を専修
昭和 33 年	大学卒業後、京都市内のカトリック教会で働き始める
昭和 42 年	こひつじの苑設立準備委員会設置　委員長就任
昭和 47 年	身体障害者療護施設こひつじの苑開設、施設長就任
昭和 51 年	全国身体障害者療護施設協議会会長就任
昭和 52 年	同志社大学大学院社会福祉専攻修了　修士号取得
昭和 54 年	社会福祉法人京都太陽の園設立、常務理事就任
昭和 62 年	全国社会福祉協議会評議員就任（～平成 17 年）
平成元年	全国社会福祉協議会理事就任（～平成 17 年）
平成 7 年	藍綬褒章受章
平成 11 年	全国社会福祉協議会副会長（～平成 17 年）
平成 17 年	全国身体障害者施設協議会会長退任、同顧問就任
平成 18 年	旭日中綬章受章
平成 29 年	京都太陽の園理事退任

流れの小石

最も援助を必要とする最後の一人とともに

2024年2月14日　初版第1刷発行
著　者　徳川輝尚
発行者　笹尾　勝
発行所　社会福祉法人　全国社会福祉協議会
〒100-8980　東京都千代田区霞が関3-3-2 新霞が関ビル
TEL 03-3591-9511　Fax 03-3581-4666
定　価　1,100円（本体1,000円＋税10%）
印刷所　株式会社丸井工文社
ISBN978-4-7935-1457-9　C2036　¥1000E
不許複製